간접구매 혁신 2nd

AI와 ESG로 완성하는 간접구매의 미래

간접구매

HIDDEN MANAGEMENT KEYWORDS FOR COMPANIES

혁신 2nd

이교원 지음

 ★★★
국내외 대표 기업들의 숨겨진 경영 비법
비용 절감과 리스크 관리까지 한번에!

노르웨이숲 BiZ

추천의 글

'ESG'라는 개념이 공식적으로 처음 등장한 문서는 2004년 UN 보고서 Who Cares Wins입니다. 유엔글로벌콤팩트UN Global Compact가 주도하고 골드만삭스, 모건스탠리, 크레디트스위스 등 주요 글로벌 금융기관이 공동 참여해 "지속가능성과 좋은 기업지배구조ESG를 고려하는 기업이 장기적으로 더 나은 투자 성과를 낸다"는 핵심 메시지를 전 세계에 전파했습니다.

그 이후 ESG는 전 세계 투자자, 기업, 정부로 빠르게 확산되었지만, 여전히 중요한 논쟁이 이어지고 있습니다. 특히 기업과 기관을 ESG 관점에서 평가할 때, 그 과정과 결과의 객관성과 비교 가능성을 어떻게 담보할 것인가는 가장 큰 과제로 남아있습니다. 오늘날 기업들은 ISSB, GRI, SASB, CSRD/ESRS, TCFD, CDP 등 복수의 평가 프레임워크에 대응해야 하며, 이를 위해서는 무엇보다 체계적인 ESG 데이터 관리가 필수적이라는 인식이 확산되고 있습니다.

　이 책은 점점 더 고도화되고 있는 ESG 데이터 관리의 흐름과 맞닿아 있는 책입니다. 이 책을 쓴 이교원 부사장은 단순한 구매 효율화를 넘어서 간접구매의 전 과정을 데이터화하고 ESG와 연결하는 비전을 갖춘 전문가입니다. 실제로 저와 그는 간접구매 데이터를 체계적으로 수집·활용하여 기업의 Scope 3 탄소 배출, 인권 리스크, 공급망의 윤리성을 추적할 수 있는 기반 마련에 대해 함께 고민해왔습니다.

　『간접구매 혁신 2nd』는 현장의 문제의식을 넘어서 ESG 시대의 실행 전략과 데이터 기반 해답을 제시하는 책입니다. 간접구매를 전략화하고 ESG와 연결하고자 하는 모든 조직에, 이 책은 신뢰할 수 있는 로드맵이 될 것입니다.

조동욱_한국ESG데이터(주) 대표이사

추천의 글

　간접구매는 결코 '사소한 비용'의 문제가 아닙니다. 그것은 기업의 운영 철학, 구매 규정, 프로세스와 시스템의 정교함, 그리고 전략적 실행력을 종합적으로 시험하는 영역입니다. 저는 LG전자에서 구매전략팀장으로 근무하며 이 책의 저자와 함께 간접구매 혁신을 추진했고, 이후 쿠팡에서 구매이사로, 현재는 캐스팅엔에서 실무 시스템과 프로세스를 함께 설계하며 그의 비전을 다시 실현해 나가고 있습니다.

　『간접구매 혁신 2nd』는 단순한 책이 아닙니다. 저 역시 1편의 콘텐츠 기획과 집필에 참여했던 사람으로서, 이번 2편이 담고 있는 내용의 깊이와 방향성을 누구보다 잘 알고 있습니다. 이 책은 '현장을 누구보다 잘 아는 사람'이 '변화를 누구보다 멀리 내다보는 사람'으로서 쓴 전략서입니다.

　특히 이번『간접구매 혁신 2nd』는 ESG, AI, 디지털 전환이라는 시대적 흐름과 간접구매를 유기적으로 연결하고 있습니다. 이 교원 부사장은 단순한 이론가가 아니라, 기업의 가장 복잡한 지출 구조 속에서 해답을 찾아낸 실천가입니다. 캐스팅엔에서 그와 함께 일하면서 저는 그가 말하는 전략이 어떻게 현장에서 구현되는지를 직접 보고, 함께 고민하고, 수많은 시행착오를 거쳐 실행해왔습니다.

기업이 간접구매를 전략적 자산으로 전환하고자 한다면, 이 책은 더할 나위 없는 지침서가 될 것입니다. 미래를 준비하고자 하는 모든 조직에 이 책을 추천합니다.

안재권_캐스팅엔 전무

추천의 글
조동욱_한국ESG데이터(주) 대표이사 *4*
안재권_캐스팅엔 전무 *6*

프롤로그
AI와 ESG의 만남, 간접구매 혁신의 새로운 장 *15*

1부 간접구매 혁신, 왜 필요한가?

들어가며
한국의 간접구매, 이제는 달라져야 한다 *20*

1장 간접구매가 기업 경영에 미치는 영향

1. 간접구매의 개념과 정의 *25*
   1) 간접구매의 정의
   2) 간접구매 주요 품목
   3) 직접구매와의 차이점

2. 간접구매가 기업에 미치는 영향 *31*
   1) 비효율적 간접구매의 문제점
   2) 비용 절감 및 운영 효율
   3) 기업의 ESG 목표 달성과의 연계
   4) 디지털 기술과 데이터 중심 구매
   5) 데이터 기반의 관리

핵심 요약 *39*

구매실무 Tip *40*
  - 최초의 구매 담당자는 누구였을까?
  - Purchasing과 Procurement는 같은 개념일까?
  - 정부의 공공조달과 민간 구매의 차이점
  - 기업 구매에서 윤리적 리더십이 중요한 이유

차례

2장 왜 간접구매를 혁신해야 하는가?

1. 간접구매의 구조적 문제 *45*
   1) 부서별 구매로 중복 지출
   2) 임의 예산 운영

2. 혁신을 통한 비용 절감 전략 *48*
   1) AI 기반 분석
   2) 표준화 및 공급업체 통합
   3) 프로세스 자동화

3. 간접구매 관리 전략 *51*
   1) 매버릭 구매 방지
   2) 구매 프로세스의 투명성 강화와 자동화

4. 데이터 혁신 접목 *52*
   1) AI 기반의 지출 분석 솔루션
   2) 데이터 기반의 의사결정
   3) 블록체인 및 RPA 기술

5. ESG 관점에서의 혁신 *54*
   1) 친환경 구매와 Scope 3 배출량 감축
   2) 지속가능한 공급망 구축
   3) 윤리적 구매와 사회적 책임 강화

핵심 요약 *61*

구매실무 Tip *62*
   - 매버릭 구매의 유래
   - 구매력이 큰 기업일수록 구매 협상에서 유리할까?
   - 해외 기업과 거래할 때 주의할 점
   - 구매 담당자의 역할은 어떻게 변하고 있을까?

2부 간접구매 혁신을 위한 디지털 전략

들어가며
간접구매를 '비용 절감'으로만 바라보고 있지는 않은가? 68

3장 디지털과 AI를 활용한 간접구매 혁신

1. AI 분석과 간접구매 74
   1) 비용 절감 및 리스크 관리 강화
   2) 구매 자동화 및 운영 효율성 증대

2. 머신러닝을 활용한 수요 예측과 운영 최적화 76
   1) 데이터 분석을 통한 수요 예측
   2) 운영 최적화와 재고 관리

3. 자연어 처리(NLP) 기술 77
   1) 계약서 분석
   2) 챗봇을 활용한 구매 지원

4. 공급업체 평가를 통한 ESG 전략 실행 80

5. 지능형 자동화와 간접구매 혁신 81

핵심 요약 86

구매실무 Tip 87
- AI 기반 구매란 무엇인가?
- 미래의 구매 시스템, 기업들이 지금 준비해야 할 것은?
- 미국의 군수 조달과 표준화
- 기업 구매에서 윤리적 리더십이 중요한 이유

4장 ESG 목표 달성을 위한 간접구매 전략

1. 지속가능한 구매의 원칙 98
   1) 지속가능한 구매의 개념
   2) 친환경 구매를 통한 ESG 목표 달성
   3) Scope 3 배출량을 낮추는 구매 정책

2. ESG 목표 달성을 위한 공급업체 선정, 관리 102
   1) 지속가능성 기준 적용
   2) 공급망 리스크 관리

3. 윤리적 구매 실천 *104*
    1) 인권 및 노동 기준 준수
    2) 사회적 기업 및 지역 공급업체와 협력

4. ESG에 기반한 간접구매 혁신 사례 *106*

핵심 요약 *109*

구매실무 Tip *110*
    -녹색 구매는 왜 필요한가?
    -애플은 어떻게 공급망을 혁신했을까?
    -공정무역 인증이 기업 구매에 미치는 영향
    -스타벅스는 어떻게 커피 원두 구매를 혁신했을까?

5장 디지털 전환과 간접구매 프로세스 혁신

1. 전자구매 시스템의 활용 *116*
    1) P2P 프로세스 혁신
    2) 클라우드 기반 전자조달 시스템

2. 블록체인 기술과 ESG *120*
    1) 구매 데이터의 신뢰성 확보
    2) 스마트 계약 활용

3. RPA를 활용한 자동화 *122*
    1) 구매 승인 및 송장 처리 자동화
    2) AI와 RPA의 결합

4. AI 데이터 분석과 구매 결정 *125*
    1) 지출 데이터 실시간 분석
    2) 리스크의 실시간 관리

핵심 요약 *129*

구매실무 Tip *130*
    -전자조달 시스템을 갖추어야 하는 이유
    -블록체인 기술은 구매 프로세스에 어떤 영향을 미칠까?
    -QR 코드와 구매 혁신
    -서플라이 체인 파이낸스란?

3부 간접구매 혁신의 실행과 미래 전망

들어가며
AI와 자동화로 재편되는 간접구매, 기업이 지금부터 준비해야 할 것들 *136*

6장 간접구매 혁신을 위한 실행 로드맵

1. 간접구매 혁신을 위한 목표 설정 및 전략 수립 *143*
   1) AI 활용 및 디지털 전환
   2) 구매 프로세스의 최적화

2. 조직 구조 최적화 및 내부 역량 강화 *146*
   1) 조직 구조 개편 및 구매 업무 통합
   2) 데이터에 기반한 의사결정 문화

3. 성과 측정 및 관리 *149*

4. 혁신 과정의 커뮤니케이션 전략 *151*
   1) 구성원의 교육 및 지원
   2) 외부 협력체와의 커뮤니케이션

핵심 요약 *153*

구매실무 Tip *156*
   - 구매가 기업의 핵심 전략이 된 시기는?
   - 구매 담당자의 역할은 앞으로 어떻게 변할까?
   - 구매 담당자의 협상력은 어떻게 키울 수 있을까?
   - 간접구매 혁신은 왜 어려울까?

7장 간접구매 혁신의 분야별 성공 사례

1. 제조업 *162*
   1) 폭스바겐: AI 기반의 공급망 최적화
   2) 지멘스: 블록체인과 스마트 계약을 활용한 구매 시스템

2. 서비스업 *164*
   1) 아마존: 자동화된 전자구매 시스템 구축
   2) 마이크로소프트: ESG 중심의 지속가능한 구매 전략

3. 공공 부문 *165*
   1) 영국 정부: 디지털 공공조달 플랫폼
   2) 미국 국방부: AI 기반 공급망 리스크 관리

4. 중소기업 *166*
   1) 바스웨어: 중소기업을 위한 자동화 구매 솔루션
   2) 캐스팅엔: 한국의 간접구매 혁신 사례

핵심 요약 *172*

구매실무 Tip *173*
- -'가장 저렴하게'가 아닌 '가장 가치 있게'
- -JIT는 정말 완벽한 구매 전략일까?
- -중소기업과 대기업의 구매 전략

8장 간접구매의 미래

1. ESG와 AI *178*
   1) 지속가능한 구매를 위한 AI 기술
   2) ESG에 기반한 자동화 구매 시스템
2. 디지털 기술과 간접구매 프로세스 *180*
3. 글로벌 트렌드 *180*
   1) B2B 마켓플레이스의 확대
   2) API에 기반한 구매 프로세스 통합
4. 간접구매 역량 개발에 필요한 교육 및 학습 *182*
   1) AI 및 데이터 분석 교육
   2) 구매 전문가를 위한 실무 교육

핵심 요약 *185*

구매실무 Tip *186*
- -코로나19 이후 글로벌 공급망 위기가 기업 구매 방식에 미친 영향
- -미래의 구매 시스템을 위해 기업이 준비할 것

부록 1 - 지출 분석 데이터와 ESG *188*
부록 2 - Scope 3 배출량 감축을 위한 체크리스트 *191*
부록 3 - 탄소 배출을 줄이는 구매 전략 *194*
부록 4 - 『간접구매 혁신』 요약 *195*

에필로그
AI와 간접구매 혁신이 만들어갈 기업의 미래 *199*

나가며
중소기업의 생존 전략, 무재고 MRO 시스템의 제안 *204*

참고자료 *210*

프롤로그

AI와 ESG의 만남,
간접구매 혁신의 새로운 장

    2017년, 저는 『간접구매 혁신』을 통해 국내에서 처음으로 간접구매의 전략적 가치를 제시했습니다. 당시 LG전자에서 간접구매 전담 조직을 신설하고, 각 사업장과 부문에 흩어져 있던 구매 활동을 통합하는 과정을 주도했습니다. 단순한 비용 절감을 넘어서, 구매 프로세스를 표준화하고 데이터 기반의 의사 결정을 도입함으로써 기업 경영 전반에 걸친 비용 통제력과 운영 효율성의 획기적 향상을 이끌었습니다. 이 경험은 간접구매가 '비주력 업무'가 아닌, 기업 경쟁력을 실질적으로 강화할 수 있는 전략적 레버리지임을 증명한 계기였습니다.

    현재 기업 환경은 그 어느 때보다 복잡하고 예측 불가능합니다. 기술과 규제, 시장 요구가 빠르게 바뀌는 시대에 기업은 단순한 비용 절감 차원을 넘어, 지속가능성, 거버넌스, 디지털 트랜스포메이션까지 고려해야 합니다. 특히 ESG^{Environmental, Social, Governance} 경영의 중심에 있는 Scope 3 탄소 배출은 기업 외부 활동에서 발생하는 배출량으로, 전체 탄소 배출량의 70% 이상을 차지합니다. 사무용품, IT 장비, 출장, 물류, 시설관리 등 기존에는 '비용 항목'으로만 보던 간접구매 품목이 이제는 탄소 회계와 규제 대응의 핵심 통로로 부상하고 있습니다. CFO는 이 항목들을 더 이상 단순 지출로 보아서는 안 되며, ESG 공시 및 평가에 직접 연결된 지속가능 자산 관리의 대상으로 전환해야 합니다.

여기에 AI 기술과 클라우드 기반 시스템의 발전은 간접구매 혁신의 새로운 전기를 마련하고 있습니다. 이미 선도 기업들은 지출 분석 솔루션을 도입해 비효율을 실시간으로 감지하고, 공급업체의 리스크를 정량화하여 평가하며, 협상력을 데이터 기반으로 제고하고 있습니다. 비용 절감률은 10~20%에 달하고, ESG 대응 속도는 40% 이상 개선되는 등 수치로 입증되는 성과도 나타나고 있습니다. CEO와 CFO가 이 데이터를 기반으로 의사 결정을 내릴 수 있다면, 간접구매는 '지출'이 아니라 이제는 '수익성 개선의 수단'으로 정의될 수 있습니다.

또한 간접구매는 공급망 전체의 구조적 효율성을 높일 수 있는 지렛대 역할을 합니다. 통합 구매, 카탈로그 표준화, 계약의 체계적 관리, 공급업체 포트폴리오 최적화 등은 단기적 비용 절감을 넘어 기업 전체의 자금 흐름을 건강하게 만들고, 조직 내 통제를 강화하는 핵심 수단이 됩니다. 이는 내부 통제 기준을 중시하는 CFO뿐만 아니라, 조직 간 시너지를 추구하는 CEO의 관점에서도 전략적으로 중요한 영역입니다.

이전 책인 『간접구매 혁신』(2017)은 간접구매의 존재 이유와 전략적 의미를 전달하는 데 중점을 두었습니다. 반면, 이번 『간접구매 혁신 2nd』는 그 기반 위에서 AI·ESG·디지털 전환이 교차하는 시대에 간접구매가 어떻게 실행 중심의 혁신으로 진화해야 하는지를 구체적으로 제시하는 전략서입니다. 단순한 개념 제안이 아니라, 실무자가 곧바로 적용할 수 있는 실행 로드맵과 실제 사례를 중심으로, '어떻게 시작하고 어디까지 수행할 수 있는지'를 명확히 보여주고자 합니다.

쿠파Coupa, 자이커스Zycus, 이발루아Ivalua와 같은 글로벌 간접구매 플랫폼 기업들은 이미 AI와 ESG를 결합한 시스템을 기반으로 이 시장을 선점하고 있으며, 한국 기업들이 이들과 경쟁하기 위해서는 내부 인프라부터 사고 방식까지 근본적인 변화가 필요합니다. 더 이상 의사 결정이 느려서도 안 되며, 수작업이 남아 있는 것도 허용돼서는 안 됩니다. 실행력이 결여된 전략은 성과로 이어지기 어렵고, 전략이 뒷받침되지 않는 실행은 오히려 리스크를 키웁니다.

『간접구매 혁신 2nd』는 전략과 실행 간의 간극을 메우는 지침서입니다. CEO에게는 변화의 큰 그림을, CFO에게는 수치 기반의 분석과 통제 방안을, 실무자에게는 구체적인 실행 프레임을 제공하고자 합니다. 기업이 생존하고 성장하기 위해 반드시 혁신해야 할 영역이 있는데, 그것은 바로 간접구매 부문입니다. 이 책이 그 혁신의 출발점이 되기를 바랍니다.

1부

간접구매 혁신, 왜 필요한가?

들어가며

한국의 간접구매, 이제는 달라져야 한다

비용 중심에서 전략 중심으로

간접구매는 오랫동안 '비용 통제'의 영역으로만 인식됐지만, 글로벌 시장에서는 이미 전략의 중심으로 재편되고 있습니다. 운영 효율성과 비용 절감은 여전히 주요 목표이지만, ESG^{Environmental, Social, Governance}, 디지털 전환, 리스크 관리 등과 연결되면서 C레벨(임원급)의 전략적 판단과 개입이 필요한 중심 축으로 변화하고 있습니다.

특히 국가별 경제구조와 기업 문화에 따라 간접구매 방식에는 큰 차이가 존재합니다. 미국과 유럽의 선진 기업들은 간접구매를 전략적 도구로 인식하고 AI와 IT 기술을 적극 도입해 프로세스를 자동화하고 있으며, ESG 기준을 반영한 데이터 기반 의사결정 체계를 실현하고 있습니다. 이들은 간접구매 품목을 포함하여 Scope 3 탄소 배출을 관리하고, 공급망의 투명성과 지속가능성을 동시에 확보하고 있습니다.

반면 한국의 간접구매는 여전히 수작업 중심이며, 네트워크

인적 연결 의존도가 높습니다. ESG와 디지털 전환의 필요성은 인식하고 있지만, 실제 도입은 비용 절감 효과가 명확히 입증된 이후에만 가능하다는 현실적 제약에 직면해 있습니다. 특히 CFO와 CEO가 명확한 수치와 결과 없이 간접구매 시스템을 혁신하기 위한 투자를 결정하는 데 심리적·조직적 저항이 존재합니다.

이처럼 간접구매가 전략적 도구로 진화해야 한다는 필요성은 분명하지만, 실제 도입을 가로막는 장벽은 '인식의 전환'에 있습니다. '지출 관리'가 아닌 '가치 창출'의 관점에서 간접구매를 바라보는 리더의 관점 전환이 가장 중요한 요소입니다.

그렇다면 단순히 선진 사례를 벤치마킹한다고 해서 동일한 결과가 도출되지는 않습니다. 한국에서는 여전히 간접구매 품목 통합 개념이 약하고, 조직 내 직무 분리 Separation of Duty, SOD 체계도 불완전하며, 책임과 권한의 명확한 구조화가 부족한 상태입니다. 이 상황에서 글로벌 프레임워크만을 이식하는 것은 오히려 저항과 실패를 야기할 수 있습니다. 중요한 것은 '벤치마킹'이 아니라 '현실에 적합한 맞춤형 설계 customizing'입니다.

그럼에도 누군가는 이 변화를 주도해야 합니다. 시장은 기다려주지 않으며, 기회를 잡는 기업이 산업의 기준을 선도합니다. 실제로 2000년대 초 IBM이 미국에서 간접구매 혁신을 선도했고, LG전자는 2009년 국내 최초로 GP 일반구매, General Procurement 전담 조직을 신설하며 대기업 중심의 혁신을 이끌었습니다. 이들의 전략적 결단은 단순한 비용 절감을 넘어 기업 문화와 프로세스의 구조적 혁신을 촉진했고, 이후 국내 다수 기업으로 빠르게 확산되었습니다.

오늘날 한국 기업이 글로벌 경쟁력을 확보하기 위해서는 단순한 가격 협상을 넘어 다음의 변화가 병행해야 합니다.

- 조직의 구매 권한과 책임 구조의 명확화
- SOD 기반의 내부 통제 시스템 도입
- AI 기반 지출 분석 시스템으로 실시간 예산·성과 관리
- ESG 연계 구매 기준과 탄소회계 대응력 확보

이러한 요소는 더 이상 IT 부서나 실무자 차원에서 결정할 수 있는 영역이 아닙니다. CEO와 CFO가 간접구매를 기업 전략의 한 축으로 인식하고, 리더십 차원에서 구조를 설계함으로써 실행력을 확보해야 합니다.

전 세계적으로 쿠파Coupa, 이발루아Ivalua, GEP 등의 플랫폼이 AI와 ESG 기능을 통합하며 시장을 선도하고 있습니다. 이들은 단순 구매 자동화를 넘어, 기업 전체의 공급망 리스크를 통합 관리할 수 있는 솔루션으로 진화하고 있습니다. 한국에서도 캐스팅엔CastingN과 같은 간접구매 전문 플랫폼이 등장하여, 한국형 간접구매 혁신 모델을 만들고 글로벌 경쟁력을 확보하려는 흐름이 확산되고 있습니다. 앞으로 간접구매 혁신은 단발적 프로젝트가 아닌 지속가능한 전략 과제로 관리되어야 합니다. 선도 기업은 산업 표준을 만들고 후발 기업은 그 틀을 따라야만 생존할 수 있습니다. 간접구매는 더 이상 보조 업무가 아니라, 기업 전략의 핵심 구성 요소가 되어야 합니다.

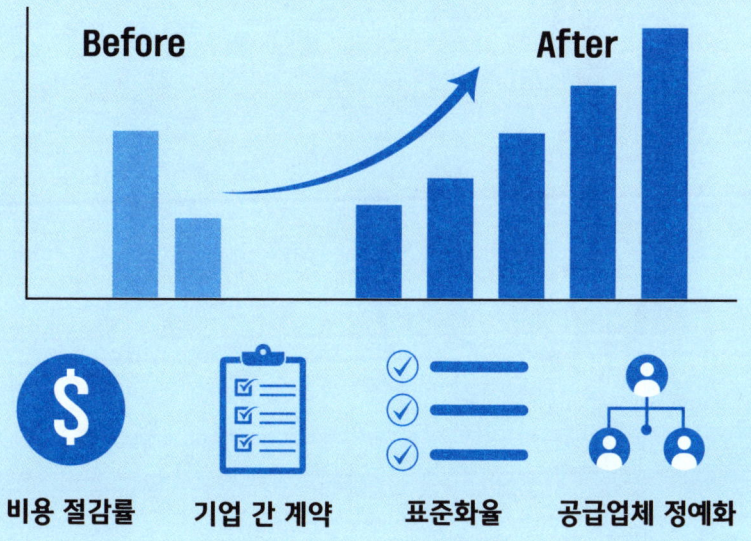

1장
간접구매가
기업 경영에 미치는 영향

간접구매는 비용 절감을 넘어 전략적 경영의 핵심으로 자리 잡고 있습니다. 미국·유럽은 AI·ESG 연계로 혁신을 선도하고 있는 것에 반해, 한국은 아직 수작업과 네트워크 의존도가 높아 개선이 시급합니다. 특히 효율적 관리를 위해 구매 권한·책임 명확화, 공급업체 최적화, AI 기반의 지출 분석 도입이 필요합니다. 또한 ESG 경영에서 간접구매는 Scope 3 탄소 감축의 중요한 출발점입니다. 앞으로 간접구매 혁신은 CEO와 CFO가 주도하는 전략적 과제로 추진되어야 합니다.

1. 간접구매의 개념과 정의

1) 간접구매의 정의

기업이 경영 활동을 수행하는 과정에서 발생하는 지출 측면에서 구매는 크게 직접구매 Direct Procurement 와 간접구매 Indirect Procurement 로 구분할 수 있습니다. 직접구매는 생산 활동에 필요한 원자재,

부품, 기계 등을 대상으로 하며, 제품의 품질과 생산 비용에 직접적인 영향을 미칩니다. 반면 간접구매는 기업 운영을 지원하기 위한 물품과 서비스를 대상으로 하며, 사무용품, IT 장비, 시설 유지보수, 컨설팅 서비스, 마케팅 비용 등이 대표적입니다. 이와 같은 간접구매는 기업 지출의 10~30%를 차지하는 고정비 영역으로 총지출에서도 상당한 비중을 차지합니다.

이렇듯 간접구매는 기업의 총지출에서 상당한 비중을 차지하지만, 각각의 개별 부서에서 예산을 가지고 직접구매가 이루어지는 경우가 많아 체계적인 견제 및 직무 분리Separation of Duty, SOD가 어려운 특징이 있습니다. 이렇듯 부서별 분산, 관리 체계 부재, 공급사 중복 등으로 인해 비효율이 누적되기 쉬운 구조를 가지고 있습니다. 그러므로 간접구매를 효율적으로 운영하는 것은 기업의 비용 절감과 운영 효율성 증대, 리스크 관리 강화 등의 측면에서 중요한 전략적 과제로 부각되고 있습니다.

간접구매의 범위
간접구매는 제조간접 및 기간비용을 포함

제조원가
- 직접 자재비
- 직접 노무비
- 제조 간접비 *간접 자재/노무, 기타(자산등)

기간비용
- 판매 비용
- 일반 관리비
- 서비스 비용
- 연구개발비

2) 간접구매 주요 품목

간접구매 품목은 기업의 운영 방식에 따라 다양한 형태로 구분될 수 있으며, 일반적으로 다음과 같은 대표적인 카테고리로 정리할 수 있습니다.

- 사무용품 및 소모품: 복사용지, 문구류, 잉크 및 토너, 사무가구 등
- IT 서비스 및 장비: 소프트웨어 라이선스, 클라우드 서비스, 하드웨어 장비
- 마케팅 및 컨설팅 서비스: 광고, 브랜드 관리, 외부 컨설팅 용역
- 시설 및 인프라 유지보수: 청소, 보안, 부동산 임대 등
- 법률 및 회계 서비스: 법률 자문, 감사, 회계, 세무 컨설팅
- 물류 및 배송 서비스: 운송 계약, 창고 운영, 공급망 최적화
- HR 및 교육 서비스: 직원 연수, 인사 전문 컨설팅, 인재 채용 서비스
- MRO (Materials, Repairs, and Operations): 기계 및 설비 부품, 유지보수용 자재 등

간접구매 품목
Indirect Procurement

시설관리 / 공사
시설관리용역,
인테리어공사,
설비공사 등

물류
해상/항공/육상,
택배/포장 등

IT
H/W, SW,
유지보수 및
서비스 등

MRO
사무용품, 비품,
소모성 자재,
포장재 등

생산설비
생산설비/장치,
제조공구, 유지보수,
소모성 부품 등

마케팅
판촉/인쇄물, 행사,
매체제작, 광고대행,
Online 마케팅

여행
항공, 호텔,
차량렌트,
바이어 Trip 등

용역/서비스
교육, 컨설팅,
HR 서비스,
일반/전문 계약직 등

이처럼 간접구매는 다양한 부문에서 발생하며, 기업 운영에 필수적이지만 직접적으로 수익 창출과 연결되지는 않습니다. 또한 체계적인 관리 없이는 불필요한 비용 증가와 운영 비효율성을 초래할 수 있습니다. 따라서 표준화된 품목별 구매 프로세스를 구축하는 것이 중요합니다. 최근 간접구매는 비용 절감 차원을 넘어, ESG 경영의 실천 수단으로 주목받고 있습니다. 특히 GHG 프로토콜에서는 기업의 공급망 전반에서 발생하는 탄소 배출 Scope 3의 핵심 영역으로 간접구매를 지목하고 있으며, CDP$^{Carbon\ Disclosure\ Project}$에 따르면 Scope3 배출량은 Scope 1 대비 평균 11.4배에 달합니다. 이는 간접구매가 단순한 소비성 경비가 아닌, 탄소 배출 및 공급망 리스크 관리의 출발점임을 보여주고 있습니다.

이에 따라 글로벌 선도 기업들은 간접구매에 ESG 평가 기준을 적극 반영하고 있습니다. 예를 들어 네슬레^{Nestlé}, 이케아^{IKEA}, 유니레버^{Unilever} 등은 공급업체를 평가할 때 EcoVadis, CDP와 같은 외부 ESG 평가 지표를 활용하고, 계약 조건에 지속가능성 조항을 삽입함으로써 공급망 전반의 ESG 리스크를 관리하고 있습니다.

3) 직접구매와의 차이점

기업들은 전통적으로 직접구매에 대한 관리 역량을 강화해왔으나, 간접구매는 상대적으로 통제 수준이 낮고 비용 절감의 사각지대에 머무는 경우가 많습니다. 그러나 최근 기업의 경영 환경이 변화함에 따라 간접구매의 효율성을 높이는 전략이 핵심 이슈로 부상하고 있습니다. 직접구매가 생산성과 품질을 좌우한다면, 간접구매는 비용 효율성과 조직 생산성을 결정하는 핵심 요소입니다. 특히 ESG 확산 이후에는 간접구매 품목의 공급사 평가가 중요한 리스크 관리 요소로 떠오르고 있습니다.

직접구매는 제품 생산과 연계된 전략적 구매이고, 간접구매는 기업 운영을 지원하고 비용 관리와 운영 효율성을 높이는 역할을 합니다. 기업들은 간접구매의 중요성을 인식하기 시작했으며 이에 따른 표준화된 프로세스 도입, 데이터 기반의 비용 분석, IT 솔루션 활용 등을 통해 간접구매 혁신을 추진하고 있습니다.

그러면 구매 목적, 구매 프로세스, 관리 방식에 따라 직접구매와 간접구매가 어떻게 다른지 알아보겠습니다.

구매 목적

- 직접구매: 기업의 핵심 제품 및 서비스 생산에 직접적으로 영향을 미치므로 품질, 원가, 납기 준수가 필수적입니다. 이는 공급망 전체와 연계되어 있으며, 생산 공정과 밀접한 관련이 있습니다.

- 간접구매: 기업 운영의 효율성을 높이는 역할을 하며, 주로 비용 절감과 업무 생산성 향상에 초점을 둡니다. 최근 기업들은 간접구매를 단순한 비용 절감이 아닌 리스크 관리의 한 요소로 보고 있으며, 공급업체 선정 과정에서 재무 건전성, 윤리성, 친환경성을 고려하는 방향으로 발전하고 있습니다.

구매 프로세스

- 직접구매: 공급업체와의 장기적인 계약과 엄격한 품질 및 규격 요구 사항이 중요한 요소로 작용합니다. 특정 제품의 품질이 전체 생산 공정에 영향을 미칠 수 있으므로 품질 보증이 필수적입니다.

- 간접구매: 비교적 다양한 공급업체를 활용할 수 있으며, 구매 요청이 수시로 발생하고 계약이 단기적인 경우가 많습니다. 품질보다는 비용 절감과 서비스 제공 속도가 중요하게 평가됩니다. 최근에는 AI 및 데이터 분석을 활용한 자동화된 구매 프로세스가 도입되면서, 비용 절감뿐만 아니라 투명성 및 효율성이 개선되고 있습니다.

관리 방식

- 직접구매: 생산부서 및 R&D 팀과 긴밀하게 협력하여 진행되며, 전문 구매 팀이 있고 일반적으로 ERP 시스템의 구매 기능을 활용하여 구매 프로세스를 관리합니다. (직접 재료비 등의 지출 관리)
- 간접구매: IT, 총무, 재무, 마케팅, 영업 등 다양한 부서에서 발생하며, 예산 통제, 공급업체 통합, 전사적 구매 기준 정립 등이 필요합니다. 최근에는 구매 전 승인율, 지출 가시성, ESG 기준 적용률 등이 관리 척도로 활용됩니다.(일반 관리비, 판매 관리비, 연구비, 서비스 비용 등의 지출 관리)

2. 간접구매가 기업에 미치는 영향

간접구매는 비용 절감의 도구로도 중요하지만, 기업 운영의 핵심 요소로 자리 잡고 있습니다. 효과적으로 관리하면 운영 비용 절감, 업무 효율성 증대, ESG 목표 달성, 디지털 혁신 가속화 등의 긍정적인 효과를 기대할 수 있습니다. 그러나 체계적인 관리 없이 운영될 경우 비용 낭비, 내부 통제 약화, 공급망 리스크 증가 등의 문제를 초래할 수 있습니다. 이에 따라 간접구매를 전략적으로 운영하는 기업이 경쟁력을 확보할 가능성이 높아지고 있습니다.

1) 비효율적 간접구매의 문제점

❶ 매버릭 구매 Maverick Buying의 증가

간접구매의 대표적인 문제 중 하나는 승인되지 않은 공급업체를 통한 개별 구매, 즉 매버릭 구매입니다. 승인되지 않은 공급업체를 통해 계약 없이 이루어지는 구매는 종종 예산 초과와 구매 단가 상승의 원인이 됩니다. 이를 방지하기 위해서는 전자구매 시스템과 중앙화된 승인 프로세스를 도입하여 계약 기반 구매 비율을 80% 이상으로 유지하는 것이 바람직합니다.

❷ 비효율적인 공급업체 관리

간접구매는 여러 부서에서 개별적으로 이루어지는 경우가 많아 자연스럽게 필요 이상의 공급업체와 거래하게 됩니다. 그러면 비효율적인 계약과 불필요한 지출을 증가시킬 수 있습니다. 이를 효율화하기 위해 중복된 공급업체는 통합하고 전략적 파트너십을 맺어 규모의 경제에 의한 절감 효과를 기대할 수 있습니다. 예를 들어, 기존에 200개 이상의 공급업체를 활용하던 대기업들이 주요 협력업체를 50개로 축소하면서 운영 효율성을 높이고 협상력을 강화하는 사례가 증가하고 있습니다.

2) 비용 절감 및 운영 효율

기업 운영 비용에서 간접구매 지출이 차지하는 비율은 연매출의 10~30%에 달하며, 이를 효과적으로 관리하면 연간 15% 이상 비용 절감이 가능합니다. 물론 이를 위해 회사 내부에서 지출 관련 데이터를 엑셀 등을 활용하여 분석할 수 있지만, 회계 계정으로 공급회사에 지불한 실적만 존재하므로 간접구매에 대한 공급품목 표준화와 분류 체계를 알지 못하면 실질적인 구매 품목 분석이 어렵고, 분석이 되더라도 결과를 신뢰하기 어려울 수 있습니다. 이미 여러 솔루션 기업에서 간접구매에 특화된 AI 기반 분석 알고리즘을 개발한 사례가 있으므로, 이를 활용하면 짧은 시간 안에 자동 분석이 가능하며 절감 기회를 효과적으로 도출할 수 있습니다.

이러한 지출 분석을 적용한 한 글로벌 기업은 불필요한 경비성 지출을 30% 절감하고, 연간 1,500억 원 이상의 비용 절감 효과를 달성했습니다. 최근 들어 AI는 간접구매 분석의 효율성을 높이고 비용 절감을 실현하는 핵심적인 경영 기술로 자리 잡고 있습니다.

또한 이 분석을 바탕으로 공급업체를 통합하여 품목별로 최적의 공급업체와 기업 간 계약을 체결하면, 운영의 효율성을 높이면서 비용을 줄일 수 있습니다. 즉, 간접구매도 전략적 파트너십을 통해 규모의 경제를 실현하면 부서별 개별 구매보다 협상력이 강화되고 거래 비용도 절감됩니다. 여기에 전자조달 시스템 e-Procurement과 중앙 승인 프로세스를 도입하면 계약 기반 구매 비율을 80% 이상으로 높일 수 있어 비계약 구매를 최소화하고 지출 투명성을 확보할 수 있습니다.

그러면 비용 절감과 운영 효율성 향상 방안을 알아보겠습니다.

- AI 기반 지출 분석 Spend Analysis 활용

기업 운영 비용에서 간접구매 비용을 효과적으로 관리하면 의미 있는 비용 절감이 가능합니다. 앞에서도 소개했듯 엑셀을 활용한 지출 분석을 시도하면 되겠지만, 간접구매에 대한 품목

표준화와 분류 체계를 알고 있어야 신뢰성 있는 지출 분석이 가능합니다. 그러므로 이미 출시된 간접구매와 간련된 AI 기반 분석 알고리즘을 활용하면 짧은 시간 내에 자동으로 분석해주므로 이를 활용하는 것을 제안합니다. 비용 절감 기회를 즉시 효과적으로 파악할 수 있습니다.

> **사례**
>
> **LG전자의 간접구매 혁신**
>
> LG전자는 간접구매 혁신을 통해 도입한 2009년 첫해에 연간 3,000억 원의 비용을 절감했습니다. 단순히 비용만 절감한 게 아니라, 공급업체 통합, 카테고리별 표준화, 계약 통제 시스템 구축을 병행하여 프로세스 투명성과 협상력을 동시에 확보했습니다(『간접구매 혁신』(2017) 참조). 특히 시행 초기 'MONEY ROOM TASK'라는 총무성 비용 절감 프로젝트를 통해 기존 총무/인사 부문의 간접구매에서 발생하는 비효율적인 비용 지출을 체계적으로 분석하고, 표준화된 구매 절차와 공급업체 통합을 추진했습니다. 이를 통해 불필요한 중복 구매 및 이상 거래를 줄이고, 공급업체와의 협상력을 높여 개별 공급단가 인하를 이루었으며, 동시에 구매 프로세스를 전산화하여 운영 효율을 향상시켰습니다.
> 이러한 사례는 간접구매의 혁신이 단순한 비용 절감 이상의 전략적 가치를 지닌다는 점을 보여줍니다.

- 공급업체 최적화 및 계약 강화

재차 언급하지만, 이제 간접구매도 직접구매처럼 품목별 공급업체를 통합하고 최적화된 공급업체와 계약을 체결하여, 운영의 효율성을 높이고 불필요한 지출을 줄여야 합니다. 전략적 파트너십을 활용한 규모의 경제를 실현하여 구매 협상력을 강화함으로써 거래 비용을 절감하고 특히, 전자구매 시스템과 중앙 승인 프로세스를 도입하여 계약 기반 구매 비율을 높이면서 비계약 구매를 최소화하고 기업의 지출 투명성을 확보할 수 있습니다. 대기업은 관련 거래금액이 크므로 자체적으로 간접구매팀을 만들어 진행할 수 있고, 그보다 규모가 작은 기업은 간접구매 솔루션을 제공하는 전문 기업을 활용하여 구매 컨소시엄 형태로 구매할 것을 제안합니다.

3) 기업의 ESG 목표 달성과의 연계

ESG 경영이 강조되면서 간접구매 부문도 ESG 목표 달성을 위한 주요 요소로 자리 잡고 있습니다. 기업들은 친환경 제품 사용, 지속가능한 공급망 구축, 윤리적 구매 정책 수립 등을 통해 ESG 경영을 실천하고 있습니다.

❶ Scope 3 배출량 감축 전략

기업들은 ESG 목표 달성을 위해 Scope 3 배출량 감축 전략을 강화하고 있습니다. 직·간접구매에서 친환경 제품 및 서비스를 구매함으로써 탄소 감축 효과를 기대할 수 있습니다. 따라서 간접구매 품목을 분석하면 탄소 배출량을 줄이는 방향으로 구매 전략을 운영할 수 있습니다.(간접구매 품목에 대한 지출 분석이 되지 않아서 ESG 구매 전략 수립에 간접구매 품목은 제외되는 경우가 많음)

❷ 윤리적 구매 및 공정무역 실천

기업들은 공정무역 제품 구매, 윤리적 노동 기준 준수 공급업체 우선 선정 등을 통해 ESG 경영을 강화하고 있습니다. 이를 통해 브랜드 신뢰도를 높이고, ESG 평가에서 높은 점수를 받을 수 있습니다. 간접구매 영역 또한 그러합니다.

4) 디지털 기술과 데이터 중심 구매

간접구매 품목의 구매는 대부분 수작업인 경우가 많습니다.(구매 요청/업체 선정 및 가격 결정/공급 계약/주문/입고 검수/마감 및 지불) 기업들은 AI 및 디지털 기술을 활용하여 간접구매의 효율성을 극대화하고 있습니다.

❶ AI 기반 간접구매 지출 분석 솔루션

지출 분석에 AI의 기술이 활용되면, 기업들은 분석 결과에 의한 비용 절감 기회를 파악하고, 구매 결정을 최적화할 수 있습니다. 데이터를 기반으로 한 의사결정을 통해 예산 초과를 방지하고 비용을 절감할 수 있습니다.

❷ 블록체인과 RPA^{Robotics Process Automation, 로봇 프로세스 자동화}

블록체인을 활용하면 공급망 내 투명성을 높이고, 거래 신뢰성을 강화할 수 있습니다. 또한 RPA를 활용하여 프로세스를 자동화하면, 반복적인 업무를 줄이고 인적 오류를 최소화할 수 있습니다.

5) 데이터 기반의 관리

간접구매는 데이터 분석을 기반으로 한 최적의 의사결정이 필수적입니다. AI를 활용한 실시간 리스크 분석 시스템을 통해 공급업체의 재무 안정성, 납기 준수율, ESG 성과 등을 평가하고 사전에 리스크를 예측할 수 있습니다. 이러한 데이터 기반 관리 방식은 다음과 같은 효과를 가져옵니다.

❶ 예산 초과 방지

과거 지출 데이터를 분석하여 예상 비용을 산출하고, 불필요한 지출을 사전에 차단할 수 있습니다.

❷ 공급망 리스크 관리

공급업체의 신용도 및 이력 데이터를 분석하여 공급망 내 잠재적 문제를 조기에 발견할 수 있습니다.

❸ 투명한 지출 프로세스 운영

실시간 데이터 모니터링을 통해 비효율적인 지출을 줄이고, 내부 감사 및 보고의 신뢰성을 높일 수 있습니다.

AI와 빅데이터를 활용한 정교한 의사결정은 비용 절감뿐만 아니라 구매 리스크를 최소화하고 기업의 지속가능성을 강화하는 데 핵심적인 역할을 합니다.

핵심 요약

간접구매가 기업 경영에 미치는 영향

01

간접구매 지출은 전체 매출액 대비 10~25%이며, 이를 전략적으로 관리하지 않으면 기업의 재무 성과에 부정적 영향을 미칩니다.

02

간접구매 혁신을 통해 평균 첫해에 10~20%의 절감 효과를 기대할 수 있습니다.

03

간접구매 품목을 확인하지 않고는 궁극적으로 ESG 목표 달성이 현실적으로 어렵습니다. ESG 성과와 기업의 지속가능성을 위해 간접구매 프로세스 혁신이 필수적입니다.

CEO/CFO에게 제안하는 실행 과제

- 간접구매 업무의 표준화와 중앙집중식 구매관리 체계 구축
- AI 기반 지출 분석 시스템 도입을 통한 비용 절감
- ESG 연계 친환경 및 윤리적 구매 정책 수립

"간접구매 혁신 없이는 경쟁사 대비 수익률이 뒤처지고 ESG 목표 미달로 투자자 신뢰와 기업 가치가 급락할 위험이 있습니다."

구매실무 Tip

✓ 최초의 구매 담당자는 누구였을까?

인류 최초의 구매 담당자는 누구였을까요? 지금처럼 계약서를 쓰고 공급업체를 평가하는 사람이 있었을까요?

기원전 3000년으로 거슬러 올라가보면, 고대 이집트에서는 피라미드 건설을 위해 석재, 식량, 노동력을 체계적으로 조달하는 시스템이 있었습니다. 바빌로니아에서는 초기 상인들이 대량 거래를 하며 오늘날의 구매 개념을 발전시켰고, 중국 명나라에서는 정부가 조직적으로 국가 규모의 조달 시스템을 운영했습니다.

현대적 의미의 '구매 담당자'는 언제 등장했을까요? 1800년대 후반, 미국 철도 회사들은 선로 유지보수와 기차 부품을 조달하기 위해 전문 구매 부서를 만들었습니다. 당시에는 표준화된 부품이 없었기 때문에, 철도회사들은 부품을 조달할 때마다 새로운 협상과 계약을 해야 했습니다. 그러나 부품을 표준화하고 구매 담당자를 지정하면서, 더 빠르고 효율적인 조달이 가능해졌습니다.

◉ **구매 담당자의 역할은 이렇게 변화해왔습니다!**

① 고대: 왕국과 제국의 물자 조달 담당자
② 산업혁명 시대: 대량생산을 위한 체계적인 구매 조직 등장
③ 현대: 글로벌 공급망 최적화, ESG 및 AI 기반 분석 도입

▶ 이제 구매 담당자는 단순한 물품 조달자가 아니라, 전략적 의사결정을 내리는 핵심 인재로 자리 잡았습니다. ESG, AI 기반 예측, 데이터 분석을 통해 기업의 지속 가능성과 비용 절감을 동시에 달성하는 중요한 역할을 수행하고 있습니다.

구매실무 Tip

✓ Purchasing과 Procurement는 같은 개념일까?

많은 사람들이 'Purchasing'과 'Procurement'를 같은 의미로 사용하지만, 실제로는 중요한 차이가 있습니다.

⊙ **Purchasing이란?**
① 단순한 물품 및 서비스 거래 행위로, 제품 주문, 발주, 결제와 같은 일회성 거래를 의미합니다.
② 주어진 예산 내에서 가장 효율적으로 필요한 물품을 확보하는 역할을 담당합니다.

⊙ **Procurement란?**
① 전략적인 구매 계획을 수립하고, 공급업체를 평가하며, 장기적인 계약 협상 및 리스크 관리를 포함하는 더 넓은 개념입니다.
② 기업의 비용 절감뿐만 아니라, 공급망 안정성과 지속 가능성을 고려한 장기적인 의사결정을 포함합니다.

▶ 즉, Procurement는 Purchasing을 포함하는 더 넓은 개념이며, 단순한 거래를 넘어 기업의 성장과 지속 가능성을 결정하는 중요한 전략적 활동입니다.

▶ 기업이 물품을 구매할 때 전략적으로 구매를 계획하고 실행하는 이유는 무엇일까요? 구매 혁신이 기업의 경쟁력을 어떻게 높일 수 있는지 살펴봅시다.

구매실무 Tip

✓ 정부의 공공조달과 민간 구매의 차이점

정부 공공조달Government Procurement과 민간 구매Private Procurement는 운영 방식에서 큰 차이를 보입니다. 각각의 구매 방식은 목적과 절차, 의사결정 과정에서 중요한 차이가 있습니다.

⊙ **정부 공공조달의 특징**

① 공정성과 투명성을 위한 공개 입찰Open Bidding 필수: 모든 공급업체에 동등한 기회를 제공하며, 공정성을 유지하기 위해 절차가 엄격하게 관리됩니다.
② 예산 집행 절차가 엄격하고 규제 준수 필요: 정부 예산이 사용되므로, 계약 과정에서 철저한 감사 및 법적 규정을 준수해야 합니다.
③ 정책적 목표 반영: 중소기업 지원, 친환경 제품 구매, 사회적 기업 육성 등 공공 정책 목표를 반영하는 경우가 많습니다.

⊙ **민간 구매의 특징**

① 의사결정이 신속하며 협상 자유도가 높음: 기업의 내부 정책에 따라 유연하게 공급업체를 선정하고 계약을 체결할 수 있습니다.
② 비용 절감과 품질 최적화가 주요 목표: 기업 이익 극대화를 위해 비용 효율성 및 품질 최적화를 최우선으로 고려합니다.
③ 장기적인 공급업체 관계 구축이 유리: 기업은 신뢰할 수 있는 공급업체와 장기적인 파트너십을 유지하며, 지속적인 협력과 혁신을 도모합니다.

▶ 정부 공공조달은 절차적 투명성을, 민간 구매는 효율성을 중시합니다.
▶ 여러분의 기업은 어떤 구매 방식을 운영하고 있나요? 정부 공공조달과 민간 구매의 차이를 이해하고 최적의 전략을 수립하세요!

구매실무 Tip

✓ 기업 구매에서 윤리적 리더십이 중요한 이유

기업의 구매 담당자는 단순한 비용 절감자가 아닙니다. 이제는 윤리적 리더십Ethical Leadership을 발휘해야 하는 시대입니다.

오늘날 글로벌 공급망에서 윤리적 구매Ethical Procurement는 선택의 문제가 아닌 필수입니다. 기업의 구매 과정에서 비윤리적인 요소가 포함될 경우, 기업 평판은 물론 법적 문제까지 초래할 수 있습니다.

⊙ 왜 윤리적 구매가 중요한가?
① 공급망 내 노동 착취 방지: 아동 노동, 강제 노동과 같은 비윤리적 관행을 차단하여 지속가능한 공급망 구축
② 기업 평판 보호: 부패, 뇌물 수수 등의 비윤리적 구매가 미치는 부정적 영향을 차단하여 브랜드 신뢰도 향상
③ ESG 경영 강화를 위한 필수 요소: ESG 기준을 준수하는 공급업체와의 협력 강화

▶ 기업들은 이제 윤리적 구매 정책을 강화하고, 공급업체의 노동 환경과 공정 거래 여부를 철저히 평가해야 합니다.

▶ 윤리적 구매를 실천하는 기업만이 지속가능한 미래를 보장받을 수 있습니다. 여러분의 기업은 윤리적인 구매를 얼마나 실천하고 있나요?

2장
왜 간접구매를
혁신해야 하는가?

　　간접구매는 사무용품, IT 장비, 마케팅 서비스, 시설 관리 등 운영 전반을 아우르는 물품 및 서비스를 구매하는 활동으로, 산업별로 전체 지출의 15~30% 이상을 차지하는 핵심 비용 영역입니다. 그러나 많은 기업이 간접구매의 중요성을 간과하는 바람에 비효율적인 프로세스와 불필요한 비용을 발생시키고 있습니다. 따라서 간접구매 혁신은 기업의 비용 절감과 운영 효율성 증대, ESG 목표 달성, 디지털 전환 등을 위해 필수적인 과제입니다.

1. 간접구매의 구조적 문제

　　간접구매의 가장 큰 문제점은 전 부서에 분산된 비용을 누구도 명확히 파악하지 못한다는 점입니다. 많은 기업이 개별 부서 단위로 구매를 진행하다 보니, 비효율성이 증가하고 예산 낭비로 이어질 가능성이 큽니다.

필자가 LG전자에서 처음 간접구매 조직을 구성했을 때, 유사한 문제를 경험한 바 있습니다. 각 부서가 독립적으로 IT 장비를 구매하면서 동일한 제품을 서로 다른 가격에 구매하거나 중복 계약이 발생하는 등 비효율이 나타났습니다. 처음에는 부서별 담당자들이 "우리는 예외적인 상황이 많다", "지금까지 잘해왔는데 왜 바꿔야 하나" 등의 반응을 보이며 저항하기도 했습니다. 하지만 '통제'가 아니라 '지원'이라는 원칙을 세우고 더 좋은 조건으로 구매할 수 있도록 설득한 결과, 점진적으로 변화를 이끌어낼 수 있었습니다.

이처럼 간접구매 혁신은 조직 전체의 인식 전환에서 시작됩니다. 간접구매는 기업의 운영을 지원하는 필수 요소이지만, 체계적인 관리가 이루어지지 않을 경우 비효율적인 지출과 내부 관리의 허점을 초래할 수 있습니다.

대표적으로 다음과 같은 사항이 있습니다.

1) 부서별 구매로 중복 지출

- 기업의 총지출 중 간접구매가 10~30%를 차지하지만, 명확한 관리 체계가 없을 경우 중복 지출이 발생할 가능성이 큽니다.
- 부서별 개별 구매 방식으로 인해 동일 품목이라도 서로 다른 가격으로 구매하는 경우가 빈번합니다.

동일한 프린터 용지, 모니터, 클라우드 스토리지, 라이선스까지도 부서별로 개별 계약하여 단가가 2배 이상 차이나는 경우도 있습니다. 이는 기업 전체 협상력 약화로 이어지며, 통합 구매 전략이 절실히 요구되는 배경입니다.

2) 임의 예산 운영

- 매버릭 구매로 인해 계약된 공급업체를 우회하여 비효율적인 구매가 발생하며, 단가 상승 및 예산 낭비로 이어질 수 있습니다.
- 일부 부서에서 임의로 예산을 운영하는 사례가 생깁니다.
- SOD 개념을 적용하여 간접구매에 대한 업체 선정/가격 결정/회계 처리를 별도로 진행할 필요가 있습니다.

매버릭 구매로 인해 기업의 예산 흐름이 왜곡되고 있으며, 특히 승인 없이 실행된 구매가 전체 건수의 25%를 넘는 사례도 있습니다. 이러한 매버릭 구매는 공급망 리스크와 부정 거래 가능성까지 확대시키는 요인입니다.

매버릭 구매의 단점

부서별 개별 구매	승인 누락
통제 실패	단가 상승

2. 혁신을 통한 비용 절감 전략

1) AI 기반 분석

- AI 기반 지출 분석 시스템을 활용하면 기업은 숨겨진 비용 절감 기회를 실시간으로 발견할 수 있습니다.
- 간접구매 부문을 지출 분석할 수 있는 솔루션을 찾아보세요.

AI 기반 지출 분석은 과거 수작업으로는 분류되지 않던 '기타 비용' 내의 숨은 패턴을 파악해, 예산의 10% 이상을 전략적으로 재분배할 수 있는 기회를 제공합니다.

자이커스Zycus, 이발루아, GEP 등의 글로벌 솔루션업체는 이러한 지출 분류 자동화를 SaaS 형태로 제공하며, 국내의 경우 캐스팅엔이 제공하고 있어 도입 사례가 증가하고 있습니다.

- GEP의 구축 사례: 한 다국적 제조기업은 GEP의 AI 기반 구매 솔루션을 도입하여 전체 구매 데이터를 실시간으로 분석함으로써 숨겨진 지출 패턴을 파악하고, 비용 절감 기회를 포착하여 공급망 효율성을 크게 개선했습니다.
- 자이커스의 구축 사례: 북미의 대표적 헬스케어 기업인 테넷헬스케어Tenet Healthcare는 자이커스의 지출 분석 솔루션을 도입하여 간접구매 영역에서 비효율적이고 중복된 지출 요소를 찾아내고, 전체 구매 과정의 가시성을 획기적으로 개선했습니다. 이를 통해 비용 절감 및 효율적인 예산 관리라는 성과를 달성했습니다
- 지멘스Siemens의 구축 사례 : 글로벌 제조 및 기술 기업인 지멘스는 GEP의 구매 자동화 솔루션을 활용하여 간접구매 프로세스를 디지털화하고 효율적으로 간소화했습니다. 이를 통해 전체 구매 업무의 처리 속도를 높이고 프로세스 복잡성을 크게 줄였으며, 지출 분석을 활용하여 최적의 지출 패턴을 유지하고 추가적인 비용 절감 기회를 확보했습니다

- 이발루아의 구축 사례: 유럽의 주요 금융기업 크레딧에크리꼴^{Crédit Agricole}은 이발루아의 구매 솔루션을 도입하여 지출 데이터를 중앙에서 실시간으로 통합적으로 분석했습니다. 이를 통해 간접구매 프로세스의 가시성을 높이고, 불필요하거나 중복된 계약을 효과적으로 관리하여 구매 효율성을 획기적으로 향상시켰습니다

이처럼 AI를 활용하면 기업은 구매 투명성을 높이고, 구매 프로세스에서 발생하는 불필요한 지출을 최소화할 수 있습니다.

2) 표준화 및 공급업체 통합

- 기업이 개별적으로 운영하던 간접구매 품목을 표준화하여 공급업체 수를 줄이면, 대량구매를 통해 협상력을 확보할 수 있습니다.
- 글로벌 기업들은 지출 데이터를 활용하여 주요 품목을 통합하고, 장기 계약을 맺는 방식으로 비용 절감을 실현하고 있습니다.
- 간접구매 전문 B2B^{Business-to-Business} 마켓 플레이스가 있다면 공통 품목은 아웃소싱하는 전략도 필요합니다.

3) 프로세스 자동화

- RPA 및 블록체인을 활용하여 구매 프로세스를 자동화하고, 승인 절차를 간소화할 수 있습니다.
- 기존에 수작업으로 진행되던 구매 요청 및 검토 과정이 자동화되면, 내부 직원들이 전략적인 업무에 더 집중할 수 있습니다.

대표적인 사례로 쿠파는 SaaS 기반의 Source-to-Pay 플랫폼을 통해, 복잡한 간접구매 프로세스를 하나의 통합된 클라우드 시스템에서 관리할 수 있도록 지원하고 있습니다. 단일 코드에

기반한 구조와 연 3회의 자동 업데이트 정책을 통해 고객사가 별도의 개발 없이 최신 기능을 사용할 수 있도록 하고 있으며, IT 리소스가 제한된 조직에서도 빠르게 도입이 가능하다는 장점이 있습니다. 또한 실시간 예산 통제, 사전 승인 비율, 정책 내 지출 비율 증가 등 정량적 효과가 검증된 바 있습니다. 실제로 우버Uber는 쿠파를 통해 전 세계 지출을 단일 플랫폼으로 통합하여 구매 전략 실행력을 크게 향상시켰습니다.

또한 산업재 기업들이 간접비용을 신속하게 절감하기 위해 RPA, AI 기반의 지출 모니터링, 데이터 시각화 도구 등을 적극적으로 도입하고 있다고 맥킨지McKinsey에서 분석한 바 있습니다. 특히 반복적인 행정 업무나 승인 절차의 자동화를 통해 평균적으로 15~20% 수준의 비용 절감 효과를 실현한 사례가 다수 소개되었으며, 이는 전체 운영비용을 수십억 원 절감할 수 있는 수준입니다. 또한 간접비용은 그 특성상 기업 내부에서도 가시성이 낮고 통제되지 않는 영역으로 남아 있는 경우가 많기 때문에, 이를 "보이지 않는 비용의 블랙박스black box of indirect costs"라고 부르기도 합니다. 이를 해결하기 위한 체계적 데이터 기반 혁신이 필요하다고 맥킨지는 강조하고 있습니다.[1]

더불어 '제로베이스 예산Zero-Based Budgeting, ZBB' 접근법이 간접비용 관리를 전략적으로 전환하는 데 효과적이라고 제안하기도 했습니다. 이 방식은 기존의 '전년도 예산 대비 증감' 방식에서 벗어나, 모든 지출 항목의 필요성을 원점에서 재검토하여 예산의 불

---

1. McKinsey, How Industrial Companies Can Cut Their Indirect Costs Fast, 2020.

필요한 누적을 방지할 수 있다는 점에서 의의가 있습니다.[2]

디지털 전환을 통한 구매 프로세스 자동화의 또 하나의 사례는 머신러닝 기반 지출 분석입니다. 머신러닝 기반의 지능형 지출 분석 엔진은 ERP 및 기타 기업 데이터베이스의 지출 데이터를 실시간으로 수집 및 통합하여 숨겨진 비용 절감 기회를 자동으로 찾아냅니다. 이를 통해 기업은 카테고리별 지출 패턴을 정확히 이해하고, 유사하거나 중복된 구매 영역을 통합하여 지출 효율성을 높이고 추가적인 시너지 효과를 창출할 수 있습니다.

3. 간접구매 관리 전략

1) 매버릭 구매 방지

- 중앙 집중형 구매 관리 시스템을 구축하여 승인되지 않은 구매를 사전에 차단할 수 있습니다.
- AI 및 ERP 시스템을 통해 모든 구매 내역을 추적하고, 비정상적인 패턴을 자동 감지하는 것이 중요합니다.

2) 구매 프로세스의 투명성 강화와 자동화

- 전자구매 시스템을 활용하면 실시간으로 공급업체 계약 및 구매 내역을 확인할 수 있으며, 기업 내 모든 부서가 동일한 정보를 공유할 수 있습니다.
- 블록체인 기술을 적용하여 구매 계약과 대금 결제를 안전하고 투명하게 운영하는 사례도 증가하고 있습니다.

---

2. McKinsey, Revolutionizing indirect procurement for the 2020s, 2019.

디지털 전환을 통한 구매 자동화는 기업의 경쟁력을 높이는 핵심 요소로 자리 잡고 있습니다. 일례로 한 글로벌 IT 기업은 전자구매Procure-to-Pay, P2P 시스템을 구축하여 모든 간접구매 프로세스를 디지털화했으며, 이를 통해 공급업체 결제 지연을 80% 감소시키고 현금 흐름을 최적화했습니다.

- 자이커스의 사례: 한 소비재 기업은 자이커스의 자동화 구매 시스템을 도입하여 구매 요청부터 승인, 결제까지의 프로세스를 자동화하여 업무 시간을 30% 단축했으며, 구매 프로세스에서 발생하는 오류를 50% 이상 감소시켰습니다.

이를 통해 자동화된 구매 시스템은 기업의 운영 효율성을 높이고, 업무 속도를 극대화하는 효과를 가져올 수 있습니다.

4. 데이터 혁신 접목

1) AI 기반의 지출 분석 솔루션

AI 기반 지출 분석 솔루션은 기업의 지출 데이터를 자동으로 분류하고 분석하여, 비용 절감 기회를 파악하고, 지출 투명성을 높입니다. 이를 통해 기업은 간접구매의 비효율성을 제거하고, 운영 효율성을 높일 수 있습니다. 예를 들어 AI를 활용한 지출 분석을 통해 불필요한 지출을 파악하고, 이를 제거함으로써 비용을 절감할 수 있습니다.

- GEP 사례: 미국 최대의 비영리 헬스케어 그룹 중 하나인 어센션헬스Ascension Health는 GEP의 지출 분석 솔루션을 구축하여, 병원 그룹 전체의 지출

데이터를 통합하고 더 세부적으로 분석할 수 있었습니다. 이를 통해 과거에 파악하기 어려웠던 불필요한 구매 요청이나 예산 초과의 원인을 사전에 파악하고, 구매 과정에서 발생할 수 있는 비효율성을 미리 차단할 수 있는 체계를 마련했습니다. 결과적으로 구매 담당자들은 더욱 명확한 데이터를 기반으로 구매 의사결정을 내릴 수 있게 되었으며, 이는 궁극적으로 병원 그룹의 운영 효율성 향상과 전반적인 비용 절감 및 재무 건전성 강화에 기여했습니다.

- 캐스팅엔의 사례: 간접구매 솔루션을 사용하기에 앞서 고객사가 간접구매 지출을 우선 분석할 수 있도록 하고 결과를 경영진 CEO/CFO에게 보고하여 톱다운 TOP DOWN 방식으로 간접구매 혁신 컨설팅을 실시하고 있습니다.(지출 분석을 실비에 제공)

2) 데이터 기반의 의사결정

데이터 기반 의사결정을 통해 기업은 지출 패턴을 실시간으로 모니터링하고, 비용 절감 기회를 즉시 파악할 수 있습니다. 예를 들어, 실시간 지출 대시보드를 통해 지출 현황을 모니터링하고, 예산 초과 지출을 사전에 방지할 수 있습니다. 이를 통해 기업은 비용 절감과 운영 효율성을 동시에 달성할 수 있습니다.

3) 블록체인 및 RPA 기술

블록체인 기술을 활용하면 공급망의 투명성을 높이고, 거래의 신뢰성을 강화할 수 있습니다. 예를 들어, 블록체인을 통해 거래 내역을 투명하게 공유하고, 위변조를 방지할 수 있습니다. 또한 로봇 프로세스 자동화 RPA를 도입하여 반복적인 구매 업무를 자동화함으로써 업무 효율성을 높일 수 있습니다. 이를 통해 기업은 구매 프로세스를 혁신하고, 운영 효율성을 극대화할 수 있습니다.

- 자이커스 사례: 글로벌 제약기업 글렌마크 파머슈티컬스Glenmark Pharmaceuticals는 자이커스의 디지털 구매 솔루션을 도입하여 공급망 데이터를 중앙에서 실시간으로 관리하고 있습니다. 이 솔루션은 데이터 정확성을 높이고, 구매 프로세스의 가시성과 투명성을 크게 향상시키는 성과를 거두고 있습니다.
- RPA 적용 사례: 글로벌 기술기업 맥심헬스케어Maxim Healthcare는 이발루아의 송장 자동화 솔루션을 도입하여, 송장 처리 업무를 디지털화 및 자동화했습니다. 이를 통해 처리 시간과 수작업을 현저히 단축하여 업무 효율성을 높이고, 데이터 입력과 같은 수작업에서 발생하는 오류를 최소화할 수 있었습니다

이처럼 디지털 기술을 활용한 간접구매 혁신은 기업의 경쟁력을 강화하고, 지속가능성을 확보하는 중요한 전략입니다.

5. ESG 관점에서의 혁신

1) 친환경 구매와 Scope 3 배출량 감축

ESG 경영이 강조됨에 따라, 기업들은 친환경 구매를 통해 탄소 배출 감축을 실현하고 있습니다. 기존에는 직접구매 부문에서만 ESG가 고려되었지만, 간접구매에서도 데이터가 확보되면 그 중요성이 부각될 수 있습니다. 간접구매는 Scope 3 배출량 중 가장 높은 비중을 차지하는 'Purchased Goods & Services'에 해당하며, 이는 전체 탄소 배출량의 50~70%를 차지하는 핵심 카

테고리로 분류됩니다. CDP 2023 보고서에 따르면, 이 부문에서의 데이터 부재는 ESG 공시 실패의 주요 원인이 되고 있습니다. 따라서 간접구매에서 친환경 제품을 우선적으로 구매함으로써 Scope 3 배출량을 줄이고 지속가능성을 높이는 전략이 점점 더 중요해지고 있습니다.

- 크레딧에그리꼴Crédit Agricole의 사례: 글로벌 금융 기업인 크레딧에그리꼴은 이발루아의 솔루션을 도입하여 간접구매 과정에서 친환경 제품의 구매 비율을 높이고 있습니다. 이를 통해 사무용품 및 간접자재 구매 시 친환경 우선 정책을 적용하여, 공급망 전반의 탄소 배출량을 감소시키고 지속가능성 목표를 실현하고 있습니다.
- GEP의 사례: 글로벌 조명기업인 시그니파이Signify는 GEP의 솔루션을 도입하여 공급업체의 탄소 배출량과 ESG 성과를 실시간으로 모니터링하고 있습니다. 특히 Scope 3 배출량 관리에 집중하여, 공급망 내 협력업체와의 협력을 강화하고 친환경적 구매를 활성화하여 공급망의 지속가능성을 높이고 있습니다

이처럼 Scope 3 배출량 감축을 위한 친환경 구매 전략은 기업의 지속가능성을 강화하는 핵심 요소가 되고 있으며, ESG 경영 실천을 위한 필수적인 접근 방식으로 자리 잡고 있습니다. 특히, 간접구매에서도 데이터를 확보하고 분석하면 더욱 정교한 ESG 전략 수립이 가능해질 것입니다.

2) 지속가능한 공급망 구축

기업들은 지속가능한 공급망 구축을 위해 공급업체의 ESG 성과를 평가하고 있으며, 이를 통해 협력업체를 선정하는 기준을

마련하고 있습니다. ESG 기준을 반영한 공급망 구축 사례는 다음과 같습니다.

- 이발루아 사례: 자동차 부품 제조업체인 섀시 브레이크스 인터내셔널Chassis Brakes International은 이발루아의 솔루션을 도입하여 공급업체 데이터를 중앙 집중화하고, 공급망 전반의 직접 및 간접 지출 프로세스를 디지털화했습니다. 이를 통해 공급업체 관리를 강화하고 계약의 투명성을 확보하여, 공급업체 수를 50% 이상 감축하고 구매 활동의 효율성과 가시성을 획기적으로 개선하는 성과를 거두었습니다. 또한 환경 영향 센터Environmental Impact Center를 활용하면 기업은 공급업체의 ESG 성과와 환경 영향을 실시간으로 추적하고, 지속가능성 데이터를 기반으로 친환경 소재를 활용하는 협력업체를 우선적으로 선정하는 등 지속가능한 공급망 구축이 가능합니다.
- 유니레버의 사례: 유니레버는 지속가능성을 핵심 경영 전략으로 설정하고, 공급업체 평가 항목에 ESG 점수를 통합하여 공급업체의 지속가능성 성과를 정량적으로 평가하고 있습니다. 이를 통해 친환경 공급망 구축을 추진하고 있으며, 공급업체 선택 과정에서 ESG 성과가 높은 업체를 우선적으로 고려하여 기업의 전반적인 지속가능성을 향상시키고 있습니다.
- 네슬레의 사례: 네슬레는 공급업체와의 긴밀한 협력을 통해 공급망 전반에서 지속가능한 농업 관행을 확대하고 있습니다. 이를 위해 공급업체 평가에 ESG 성과를 반영하여 친환경 원재료 사용을 적극 장려하고, 지속가능한 소싱 목표 달성을 위한 구체적인 데이터 기반의 모니터링을 실시하고 있습니다.

이러한 지속가능한 공급망 구축을 통해 기업들은 ESG 목표를 달성하는 동시에 리스크 관리 역량을 강화할 수 있습니다. 기존에는 직접구매 중심의 ESG 전략이 강조되었지만, 간접구매 데이터를 확보하고 분석하면 공급망 전체에서 ESG를 실현할 수 있는 폭넓은 기회가 열릴 것입니다.

3) 윤리적 구매와 사회적 책임 강화

기업은 윤리적 구매 정책을 수립하여 사회적 책임을 강화할 수 있습니다. 윤리적 구매 전략을 실행함으로써 공정한 무역과 인권 보호를 실천할 수 있으며, 이는 기업의 브랜드 이미지와 소비자 신뢰를 높이는 데 기여합니다. 특히 간접구매에서도 공정무역을 고려하면 ESG 경영이 더욱 효과적으로 이루어질 수 있습니다.

- 공정무역 제품 구매: 공정무역 인증을 받은 제품을 우선적으로 구매하여 윤리적 소비를 촉진할 수 있습니다.
- 아동 노동 방지: 아동 노동을 사용하지 않는 공급업체와 협력하여 노동권을 보호하는 정책을 추진할 수 있습니다.
- 사회적 기업과의 협력: 사회적 기업 및 친환경 기업과의 협업을 확대하여 지속가능한 사회적 가치를 창출할 수 있습니다.

이제까지 ESG 경영과 공정무역은 주로 직접구매에서 논의되었지만, 간접구매에서도 데이터를 체계적으로 수집하고 분석하면 ESG와 공정무역의 연계를 강화할 수 있습니다. 간접구매의 ESG 접근이 확대되면 기업들은 더욱 포괄적인 지속가능성 전략을 실현할 수 있으며, 공정무역과 연계된 글로벌 ESG 기준을 충족하는 데 기여할 수 있습니다.

글로벌 솔루션 도입 사례 요약 테이블

구분	기능 요약	효과	적용 기업	주요 지표
지이피 GEP	소싱 및 공급 관리	계약 효율성 증가	BP, 마이크로소프트	10% 계약 이행 증가
자이커스 Zycus	전자구매 플랫폼	구매 비용 절감	코카콜라, DHL	25% 비용 절감
이발루아 Ivalua	구매-지불 통합	협업 활성화	월풀, 이케아	25% 더 빠른 처리
쿠파 Coupa	지출 관리 및 분석	지출 가시성	우버, 유니레버	20% 지출 절감

산업별 간접구매 비중

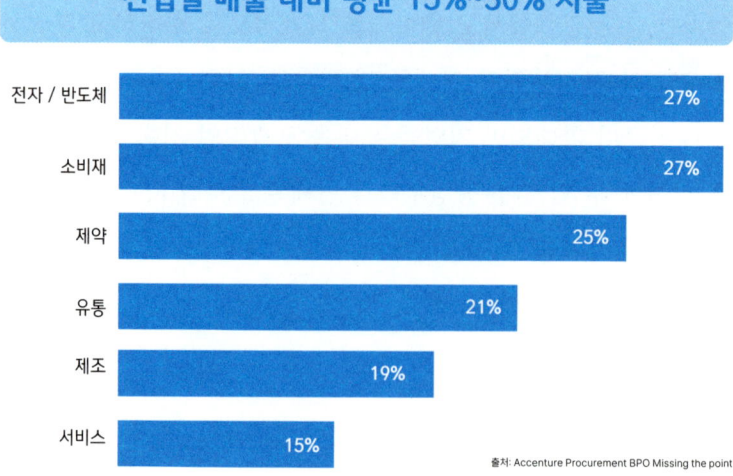

출처: Accenture Procurement BPO Missing the point

간접구매 솔루션 주요 글로벌 기업 현황

배경
현대의 비즈니스 환경은 빠르게 변화하고 있으며, 기술의 발전과 글로벌 경제의 불확실성이 조직운영에 큰 영향을 미치고 있음.

다양한 기업들이 경쟁력 강화를 위해 혁신적인 구매 솔루션을 도입하고 있으며, 그중에서도 직·간접 지출 관리를 최적화하고 효율화하는 솔루션 도입을 추진하고 있음.

필요성
기존의 구매업무와 관련된 일련의 프로세스는 노동 집약적이고 비효율적이어서, 이를 개선하기 위한 필요성이 대두되고 있음.

효율적인 지출 관리, 비용 절감, 투명성 확보는 기업의 지속가능한 성장을 위해 필수적임. 특히 간접비 지출을 포함하는 관련 구매플랫폼을 도입함으로써 비즈니스 프로세스의 자동화와 최적화를 실현하고, 변화하는 시장 환경에 유연하게 대응할 수 있음.

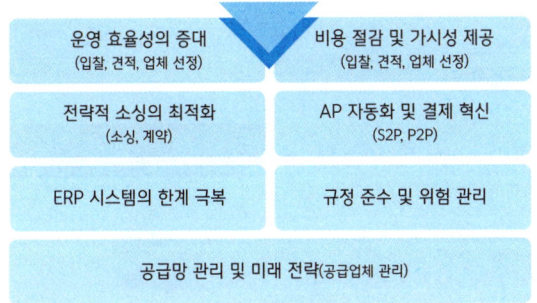

운영 효율성의 증대 (입찰, 견적, 업체 선정)	비용 절감 및 가시성 제공 (입찰, 견적, 업체 선정)
전략적 소싱의 최적화 (소싱, 계약)	AP 자동화 및 결제 혁신 (S2P, P2P)
ERP 시스템의 한계 극복	규정 준수 및 위험 관리
공급망 관리 및 미래 전략 (공급업체 관리)	

coupa	ZYCUS	ivalua
2006년	1998년	2000년
8억 4천만 달러	3억 5천만 달러	2억 1천만 달러
3,000명	1,726명	1,000명
본사: 미국	본사: 미국	본사: 미국

Separation of Duty

간접구매를 해당 부서에서 견제가 없는 11번 case로 하는 경우가 많은데, 업체 선정/가격 결정을 전문부서가 하는 2, 3, 4, 6번 case로 해야 사고를 방지할 수 있다.

01 | 구매 요청 | 업체 선정 / 계약 체결 | 검수 / 입고 | 대금 지급 | Risk High ▲
- 업체에 대가를 받고 특정 업체를 선정하는 비리가 발생할 수 있음.

02 | 구매 요청 | 업체 선정 / 계약 체결 | 검수 / 입고 | 대금 지급 | Risk Low ▼
- 업체에 대가를 받고 허위 검수를 수행할 수 있음.

03 | 구매 요청 | 업체 선정 / 계약 체결 | 검수 / 입고 | 대금 지급 | Risk Low ▼
- 개인적 이득을 대가로 업체 선정에 영향을 주고 미승인 대금 지급 발생 가능

04 | 구매 요청 | 업체 선정 / 계약 체결 | 검수 / 입고 | 대금 지급 | Risk Low ▼
- 개인적 이득을 대가로 업체를 선정하고 허위 입고 검수 발생 가능

05 | 구매 요청 | 업체 선정 / 계약 체결 | 검수 / 입고 | 대금 지급 | Risk High ▲
- 업체와 결탁하여 특정 업체를 선정하고 미승인 대금 지급 발생 가능

06 | 구매 요청 | 업체 선정 / 계약 체결 | 검수 / 입고 | 대금 지급 | Risk Low ▼
- 개인적 이득을 대가로 허위 입고 검수를 하고 대금 지급하는 경우 발생 가능
- PO 및 Invoice Matching 실수로 잘못된 대금 지급 발생 가능

07 | 구매 요청 | 업체 선정 / 계약 체결 | 검수 / 입고 | 대금 지급 | Risk High ▲
- 업체에 대가를 받고 특정 업체를 선정한 후 허위 검수를 수행할 수 있음

08 | 구매 요청 | 업체 선정 / 계약 체결 | 검수 / 입고 | 대금 지급 | Risk High ▲
- 업체에 대가를 받고 특정 업체를 선정해주고 미승인 대금 지급 발생 가능

09 | 구매 요청 | 업체 선정 / 계약 체결 | 검수 / 입고 | 대금 지급 | Risk High ▲
- 업체에 대가를 받고 허위 검수 및 미승인 대금 지급을 할 수 있음

10 | 구매 요청 | 업체 선정 / 계약 체결 | 검수 / 입고 | 대금 지급 | Risk High ▲
- 업체와 결탁하여 특정 업체를 선정해주고 허위 검수 입고 및 미승인 대금 지급이 일어날 수 있음

11 | 구매 요청 | 업체 선정 / 계약 체결 | 검수 / 입고 | 대금 지급 | Risk Very High ▲
- 업체와 결탁하여 업체를 선정하고 허위 검수 입고, 미승인 대금 지급이 발생할 수 있음

핵심 요약

왜 간접구매를 혁신해야 하는가?

01

기업 내부에서 개별적으로 진행되는 간접구매는 중복 구매와 매버릭 구매를 발생시켜 불필요한 비용 증가를 초래합니다.

02

글로벌 기업들은 AI 기반 자동화 시스템 도입을 통해 간접구매 비용을 최소 10~20% 절감하고 있습니다.

03

ESG 규제 대응 및 지속가능한 공급망 구축을 위해 간접구매 혁신은 더 이상 선택이 아닌 필수 과제입니다.

CEO/CFO에게 제안하는 실행 과제

- 중복 및 매버릭 구매 실태를 파악할 수 있는 지출 분석 솔루션 사용 검토
- AI 기반 자동화 구매 프로세스 구축을 통해 운영 효율성 증대
- ESG 목표를 위한 지속가능한 공급망 관리 체계 구축

"지금 간접구매 혁신을 하지 않으면 지속적인 예산 낭비가 발생하고, 장기적으로 경쟁사 대비 원가 경쟁력을 상실할 위험이 큽니다."

구매실무 Tip

✓ 매버릭 구매의 유래

'매버릭 Maverick'이라는 단어는 어디에서 왔을까요? 개척 시대인 19세기, 미국 텍사스의 한 목장주였던 새뮤얼 매버릭 Samuel Maverick은 소유한 소들에게 낙인을 찍지 않았습니다. 보통 목장주들은 자기 소유임을 표시하기 위해 불로 달군 낙인을 찍었는데, 그는 이를 거부했습니다. 결과적으로 그의 소들은 다른 목장의 소들과 뒤섞였고, 주인이 없이 방랑하는 소들을 가리켜 '매버릭 소'라고 부르게 되었습니다.

이 개념이 기업 구매로 넘어오면서, 기업의 승인된 프로세스를 따르지 않고 임의로 이루어지는 구매 행위를 '매버릭 구매'라고 부르게 되었습니다. 즉, 조직의 공식적인 구매 절차를 거치지 않고 직원들이 개인적으로 물품을 구매하는 경우를 뜻합니다.

⊙ 매버릭 구매가 기업에 미치는 영향
① 비용 증가: 기업이 협상한 계약 가격보다 높은 가격으로 구매하는 사례 발생
② 공급망 리스크 증가: 승인되지 않은 공급업체와 거래하여 품질 및 안정성 문제 발생
③ 지출 투명성 저하: 기업의 전체적인 비용 분석이 어려워지고, ESG 목표 관리가 복잡해짐.

✓ AI와 디지털 구매 시스템은 어떻게 해결할까?

최근 기업들은 AI 기반 구매 추천 시스템과 자동 승인 프로세스를 도입하여 매버릭 구매를 줄이고 있습니다. AI는 과거 구매 데이터를 분석해 최적의 공급업체를 추천하고, 승인되지 않은 거래를 감지하는 역할을 수행합니다. 블록체인 기술을 활용하면 거래 내역이 투명하게 기록되므로, 매버릭 구매를 사전에 방지할 수 있습니다. 결국, 매버릭 구매는 단순한 비용 문제가 아니라 기업의 리스크 관리와 지속가능성 전략과도 직결되는 문제입니다. 디지털 기술이 발달하면서, 이러한 비공식적인 구매 행위를 줄이고 프로세스를 더욱 체계적으로 운영할 수 있는 시대가 되었습니다.

구매실무 Tip

✓ 구매력이 큰 기업일수록 구매 협상에서 유리할까?

기업은 대량으로 구매할수록 더 좋은 조건을 얻을 수 있을까요? 흔히 '큰 손'이 시장을 움직인다고 생각하지만, 현실은 그렇게 단순하지 않습니다.

◉ **대기업의 구매력 장점**
  ① 대량구매 할인: 공급업체와 대규모 계약을 체결하여 단가 절감 가능
  ② 강력한 협상력: 유리한 계약 조건을 설정하고, 가격 경쟁력을 확보
  ③ 우선 공급 보장: 위기 상황에서도 안정적인 재고 확보 가능

하지만 중소기업도 협상력을 키울 수 있습니다! 대기업과 같은 구매력을 갖추지 못하더라도, 다음과 같은 전략을 활용하면 협상에서 유리한 입지를 가질 수 있습니다.

◉ **중소기업의 협상 전략**
  ① 긴밀한 파트너십 구축: 특정 공급업체와의 장기 협력을 통해 단가 조정
  ② 유연한 의사결정: 대기업보다 빠른 결정을 내릴 수 있어 시장 변화에 신속 대응 가능
  ③ 공동 구매 Consortium Buying 활용: 여러 중소기업이 협력하여 대량구매 효과를 창출

▶ 결론적으로, 구매력은 단순한 구매량이 아니라 공급업체와의 협력 관계 및 전략적 접근 방식이 핵심 요소입니다.

▶ 그렇다면, 디지털 구매 플랫폼은 이를 어떻게 변화시키고 있을까요? AI 기반 협상 도구가 미래의 구매력을 결정할 수도 있습니다.

구매실무 Tip

✓ 해외 기업과 거래할 때 주의할 점

글로벌 소싱 Global Sourcing은 비용 절감의 기회지만, 동시에 다양한 리스크를 동반합니다. 해외 구매를 성공적으로 운영하기 위해서는 각국의 비즈니스 환경을 이해하고, 잠재적인 리스크를 철저히 분석해야 합니다.

◉ 해외 구매 시 고려해야 할 요소

① 환율 변동 리스크: 장기 계약을 체결할 경우, 환율 변동성이 기업의 원가에 미치는 영향을 고려한 전략을 수립해야 합니다.
② 문화적 차이 이해: 국가별 비즈니스 관행, 협상 스타일, 법률 차이가 존재하므로 이를 고려한 맞춤형 접근이 필요합니다.
③ 물류 및 공급망 리스크: 해운, 항공, 세관 절차 등의 변수에 대비하여 물류 계획을 수립하고, 예상치 못한 지연을 최소화할 수 있는 대안을 마련해야 합니다.

▶ 글로벌 구매를 성공적으로 운영하기 위해서는 문화적 이해와 리스크 관리를 강화해야 합니다. 이를 위해 로컬 파트너와 협력하거나, 디지털 구매 시스템을 활용하여 실시간으로 공급망을 모니터링할 필요가 있습니다.

▶ 여러분의 기업은 글로벌 구매 리스크를 어떻게 관리하고 있나요? 성공적인 해외 구매를 위해서는 전략적 접근이 필요합니다!

구매실무 Tip

✓ 구매 담당자의 역할은 어떻게 변하고 있을까?

과거, 현재, 미래의 구매 담당자는 어떤 변화를 겪을까요? 구매 환경이 빠르게 변화하면서, 구매 담당자의 역할도 단순한 비용 절감에서 벗어나 전략적인 영역으로 확장되고 있습니다.

- ⊙ **구매 담당자의 역할 변화**
    ① 과거(1980년대 이전): 단순한 발주 및 가격 협상 담당, 주어진 예산 내에서 물품을 구매하는 기능 중심
    ② 현재(2000년대 이후): 공급망 최적화, ESG 구매 관리, 지속가능한 구매 전략 수립이 중요해짐.
    ③ 미래(2030년대 이후): AI 기반 구매 의사결정, 빅데이터 분석을 활용한 구매 최적화, 공급망 리스크 예측 및 대응

▶ 앞으로 구매 담당자는 AI와 협력하여 더욱 정교한 구매 전략을 수립하는 데이터 기반 전문가로 발전할 것입니다.

▶ 기업의 구매 담당자는 단순한 비용 절감자가 아니라, 지속가능한 공급망을 설계하고 리스크를 관리하는 전략적 역할을 수행하게 될 것입니다. 여러분의 기업은 이러한 변화에 대비하고 있나요?

2부

간접구매 혁신을 위한 디지털 전략

간접구매를 '비용 절감'으로만 바라보고 있지는 않은가?

간접구매는 기업 운영에 필수적인 요소지만, 여전히 많은 기업에서는 이를 '단순한 비용 절감 도구'로만 인식하고 있습니다. 하지만 오늘날 급변하는 경영 환경에서 간접구매는 더 이상 관리 항목에 그치지 않고, 기업의 지속가능성과 경쟁력을 좌우하는 핵심 영역으로 부상하고 있습니다. 이제 간접구매는 비용 관리가 아니라 '전략적 투자'로 재정의되어야 합니다.

많은 기업이 간접구매 혁신을 시도하지만 기대한 만큼 성과를 거두지 못하는 경우가 많은데, 그 이유는 다음과 같습니다.

❶ **비용 절감이 목표의 전부이기 때문입니다.**

기업들은 간접구매를 운영 비용을 줄이는 수단으로만 접근하는 경우가 많습니다. 하지만 비용 절감뿐 아니라, 기업의 전반적인 운영 효율성과 공급망 리스크 관리까지 고려해야 합니다.

❷ **디지털 기술 도입이 더디게 진행되고 있습니다.**

많은 기업에서 여전히 수작업 기반의 구매 방식을 유지하고 있습니다. AI,

RPA, 블록체인 등의 기술을 활용하면 간접구매의 투명성과 신속성을 극대화할 수 있지만, 변화에 대한 거부감이 큽니다.

❸ **직무 분리와 권한 조정이 명확하지 않습니다.**

기업 내부에서 간접구매 프로세스는 여러 부서가 엮여 있어 관리하기가 어렵습니다. 특히, 권한 조정이 명확하지 않아 내부 비효율이 발생하고, 승인 과정이 복잡해지면서 매버릭 구매가 증가하는 문제가 발생하고 있습니다.

❹ **글로벌 트렌드를 반영하지 못하고 있습니다.**

미국과 유럽의 선진 기업들은 AI와 ESG를 적극적으로 도입해 간접구매를 혁신하고 있으나, 국내 기업들은 여전히 과거 방식에 머무르며 새로운 흐름을 반영하는 데 소극적인 모습을 보이고 있습니다.

❺ **공급업체 관리의 중요성을 간과하고 있습니다.**

많은 기업이 간접구매에서 공급업체를 단순한 거래 대상으로만 보고 협력 관계를 구축하지 않습니다. 하지만 장기적인 파트너십을 형성하면 비용 절감뿐만 아니라 공급망의 안정성도 확보할 수 있습니다.

그렇다면, 간접구매를 단순한 비용 절감에서 기업 전략의 핵심 요소로 바꾸려면 어떻게 해야 할까요?

❶ **AI와 데이터 기반의 의사결정 체계를 구축해야 합니다.**

지출 분석 시스템에 AI 기술을 접목하면 빠르게 불필요한 비용을 사전에 차단할 수 있으며, 실시간 데이터 분석을 통해 최적의 구매 결정을 내릴 수 있습니다.

❷ **ESG 요소를 반영한 구매 전략을 수립해야 합니다.**

이제 기업들은 지속가능한 공급망 구축이 필수적입니다. 친환경 구매, 공정무역, 윤리적 공급망 관리 등이 글로벌 기업들의 주요 전략으로 자리 잡고 있습니다.

❸ **클라우드 기반의 디지털 구매 프로세스로 전환해야 합니다.**

P2P를 통해 운영 효율성과 데이터 투명성을 확보할 수 있으며, 이는 ESG 정보 연계의 기반이 되기도 합니다.

❹ **공급업체와의 장기적 파트너십을 구축해야 합니다.**

단순한 거래 관계를 넘어 전략적 파트너십을 맺으면, 품질 관리와 비용 절감, 지속가능성을 동시에 달성할 수 있습니다.

이제 간접구매는 곧 '비용 절감'이라는 오래된 프레임에서 벗어나야 합니다. AI, ESG, 디지털 혁신을 중심에 둔 새로운 사고방식을 채택하는 기업만이 지속가능한 성장과 경쟁력 강화를 이룰 것입니다.

3장
디지털과 AI를 활용한 간접구매 혁신

　AI 기술은 간접구매 영역에서 점점 더 중요한 역할을 담당하고 있습니다. AI는 비용 절감, 운영 효율성 향상, 공급업체 평가, 수요 예측, 법적 리스크 최소화 등을 실현하는 강력한 도구로 활용됩니다. 기업들은 AI를 활용하여 더 정확하고 신속하게 구매 결정을 내릴 수 있으며, 자동화된 프로세스를 통해 내부 자원을 전략적으로 활용할 수 있습니다. AI를 통한 구매 혁신은 단순히 프로세스 개선을 넘어, 전략적 비용 절감 및 지속가능한 구매 체계 구축이라는 기업의 핵심 목표를 달성하는 데 기여하고 있습니다.

　이 장에서는 AI 기술이 간접구매 프로세스에 미치는 영향을 심층적으로 분석하고, 특히 다음 장에서 다룰 ESG 목표 달성과의 연계까지 고려하여, 실제 글로벌 기업들의 도입 사례를 통해 AI 기반 구매 혁신의 효과를 살펴보겠습니다.

1. AI 분석과 간접구매

　AI 기반 지출 분석은 기업이 전략적으로 간접구매를 관리할 수 있도록 지원합니다. AI는 ERP 시스템 및 구매 데이터베이스에서 정보를 수집하고, 머신러닝 알고리즘을 활용하여 구매 패턴을 분석합니다. 이를 통해 중복 구매를 줄이고, 비효율적인 계약을 파악하며, 최적의 공급업체를 추천할 수 있습니다. 또한 AI 기반 지출 분석을 활용하면 기업에서 미처 파악하지 못한 비용 절감 기회를 포착할 수 있으며, 솔루션이 제공하는 자동화된 프로세스를 통해 운영 효율성도 높일 수 있습니다.

　최근 중견 기업 A사는 AI 분석을 통해 간접구매 비용을 28% 절감할 가능성을 발견했습니다. 이 기업은 동일한 품목을 부서별로 다른 가격에 구매하고 있었으며, 구매 표준화를 적용하는 것만으로 15%의 비용을 절감할 수 있었습니다.

　또 다른 사례로 B사는 기존에 개별 계약을 맺었던 시설 관리, 청소, 경비 용역을 통합 관리하면서 연간 2억 원 이상 절감하는 효과를 거둘 수 있었습니다. 이처럼 AI는 수작업으로는 발견하기 어려운 비용 절감 기회를 자동으로 찾아내고 있습니다.

1) 비용 절감 및 리스크 관리 강화

　기업 내 다양한 부서에서 개별적으로 구매하는 품목을 AI가 자동으로 감지하여 경고를 보냅니다. 이를 통해 동일한 품목을 여러 부서에서 중복 구매하는 비효율성을 방지하고, 승인되지 않은 매버릭 구매 사례를 실시간으로 파악해 관리할 수 있습니다. 또한 AI가 계약 단가 및 공급업체 조건을 실시간으로 비교하여 최적의 계약 조건을 제안하고, 기존 계약 데이터와 시장 정보를 분석하여 더 유리한 가격을 협상할 기회를 제공합니다. 이를 통해 예산을 초과하거나 승인되지 않은 구매 패턴을 감지해 내부 통제를 강화하고, 사전에 리스크를 예방할 수 있도록 지원합니다.

쿠파는 이러한 리스크 예방을 위해, 커뮤니티 기반의 AI 인텔리전스를 활용해 비정상적인 지출 패턴을 자동으로 탐지하고, 정책 외 구매를 사전에 차단합니다.[3] 실제로 쿠파의 고객들은 지출의 98%를 정책 내에서 수행하며, 사전 승인 지출률은 평균 95%에 달하고 있어, 자동화된 내부 통제가 매우 높은 수준으로 작동하고 있습니다.[4]

2) 구매 자동화 및 운영 효율성 증대

AI 기반의 자동화 구매 시스템은 구매 요청부터 승인, 결제까지의 과정을 디지털화하고 최적화해 시간과 비용을 절감하도록 돕습니다. RPA와 연계하여 반복적인 구매 업무를 자동화하면 인적 오류를 줄이고 프로세스 속도를 향상시킬 수 있습니다.

- **존슨앤드존슨**Johnson & Johnson**의 사례**

    존슨앤드존슨은 AI 기반의 지출 분석 시스템을 활용해 연간 2억 달러 이상

---

3. Coupa, Benchmark Report, 2024.
4. Coupa, BSM Benchmark Report, 2023.

의 비용 절감을 실현했습니다. 이 시스템은 수십억 건의 구매 데이터를 분석하여, 불필요한 구매를 줄이고 공급업체와의 협상력을 강화했습니다. AI 도입 이후, 구매 프로세스의 효율성이 35% 향상됐으며, 계약 최적화를 통해 20% 추가 절감 효과를 얻었습니다.

- 지능형 자동화Intelligent Automation의 진화

최근의 AI 기술은 기존의 RPA를 넘어서서 지능형 자동화로 진화하고 있습니다. 이는 비정형 데이터를 분석해 구매 요청의 적합성을 실시간으로 점검하고, 자동으로 리스크를 관리하는 수준까지 발전했습니다. 예를 들어, 글로벌 보험회사는 AI 기반의 문서 자동 처리 시스템을 통해 서류 처리에 소요되는 시간을 60% 단축하는 등 큰 성과를 거두고 있습니다.

2. 머신러닝을 활용한 수요 예측과 운영 최적화

AI와 머신러닝 기반의 수요 예측 모델은 기업이 구매 계획을 더 정확하게 수립하는 데 도움을 줍니다. 이는 간접구매의 특성상 변동성이 크고 품목별로 최적화된 재고 관리가 어렵다는 점에서 더욱 중요하게 작용합니다.

1) 데이터 분석을 통한 수요 예측

AI는 과거 구매 데이터, 시장 트렌드, 경제 지표 등을 분석해 향후 수요를 예측합니다. 특히 기업의 프로젝트 진행 일정, 계절별 소비 패턴 등을 고려한 정밀한 예측을 통해 불필요한 구매를 방지할 수 있습니다.

2) 운영 최적화와 재고 관리

AI 기반 수요 예측은 기업이 필요 이상의 재고를 보유하지 않도록 최적의 발주 시점을 도출하는 데 기여합니다. 이를 통해 재고 비용을 줄이고, 공급망의 안정성을 높일 수 있습니다.

- 월마트Walmart는 AI 기반의 수요 예측 시스템을 활용하여 글로벌 공급망을 최적화하고 있습니다. AI는 소비자 구매 패턴을 분석하여 정확한 발주 수량을 산출하며, 특정 지역의 수요 변화를 실시간으로 감지해 필요한 제품을 빠르게 배치할 수 있도록 돕습니다. 이를 통해 월마트는 불필요한 재고를 25% 줄였으며, 배송 지연을 40% 감소시켰습니다.

3. 자연어 처리(NLP) 기술

AI 기반 자연어 처리Natural Language Processing, NLP 기술은 계약서 분석, 구매 요청 자동화, 내부 고객 지원 등의 영역에서 활용되고 있습니다. 특히 챗봇을 통해 기업의 구매 부서와 내부 고객 간의 원활한 커뮤니케이션을 가능하게 하고, 구매 프로세스를 간소화하는 데 기여합니다.

1) 계약서 분석

AI는 계약서의 핵심 조항을 자동으로 분석해 법적 리스크를 사전에 파악할 수 있습니다. 이를 통해 기업은 계약의 투명성을 높이고, 법적 분쟁 가능성을 줄일 수 있습니다.

2) 챗봇을 활용한 구매 지원

AI 기반 구매 챗봇은 직원들이 필요 품목을 빠르게 조회하고 구매 요청을 생성할 수 있도록 지원합니다. 챗봇은 표준 구매 프로세스를 안내하고, 승인 절차 진행 상황을 실시간으로 제공할 수 있습니다.

- 챗봇과 NLP 기반 구매 커뮤니케이션의 혁신

    최근 AI 챗봇 기술은 내부 고객이 자연어로 구매 요청을 하면 이를 정확히 이해해서 자동으로 구매 요청서를 작성해주는 수준으로까지 발전했습니다. 대표적인 사례로 IBM 왓슨Watson은 챗봇 도입을 통해 구매 요청 처리 시간을 약 50% 줄였으며, 내부 직원의 구매 업무 효율성 역시 크게 높아졌습니다.

최근 맥킨지는 생성형 AI 기반 챗봇이 리테일 산업의 고객 경험뿐 아니라 내부 구매 프로세스 자동화 영역까지 확장되고 있다고 분석했습니다[5]. 보고서에 따르면, 일부 기업은 챗봇이 공급업체 협상, 견적 비교, 구매 추천까지 수행하도록 시범 운영 중이며, 이를 통해 내부 담당자의 업무를 최대 60%까지 줄였다고 밝혔습니다.

생성형 AI 챗봇은 대화형 인터페이스를 통해 구매 요청의 의도를 파악하고, 과거 주문 이력이나 가격 조건을 기반으로 적합한 품목이나 공급업체를 자동으로 제안할 수 있습니다. 특히 반복적이거나 기준이 명확한 구매 업무에 적용하면 사람이 개입하

---

5. McKinsey, LLM to ROI: How to scale gen AI in retail, 2024.

AI 기반 지출 분석 흐름도

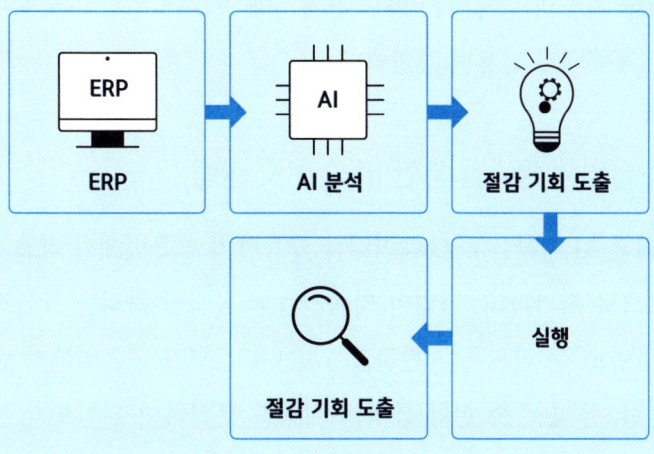

생성형 AI 챗봇과의 대화

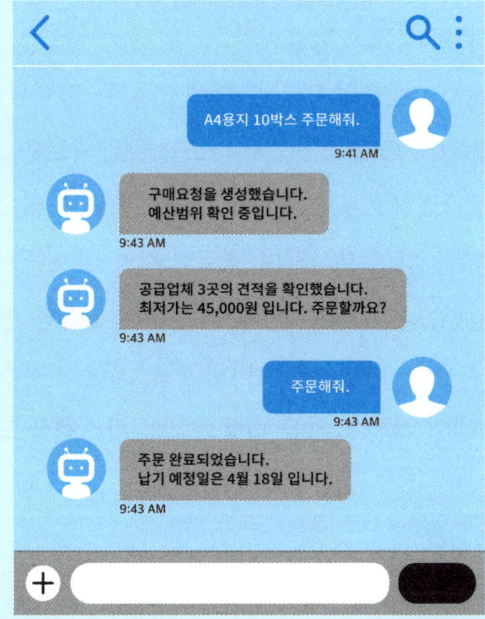

지 않는 '자율 구매 Autonomous Procurement' 단계로 나아갈 수 있습니다. 이러한 기술의 상용화는 향후 간접구매 프로세스 전반을 재설계하는 촉매제로 작용할 것입니다.

4. 공급업체 평가를 통한 ESG 전략 실행

최근 AI 기술은 ESG 데이터를 활용하여 공급업체의 리스크를 자동으로 평가하고, 기업이 지속가능한 공급망 관리를 효과적으로 수행할 수 있도록 지원하고 있습니다. AI가 공급업체의 탄소 배출량, 윤리 준수 현황 등의 데이터를 분석하여 위험도가 높은 공급업체를 사전에 경고하면, 기업은 지속가능한 ESG 전략을 실행하는 데 더욱 효과적으로 대응할 수 있습니다. 이는 4장에서 다룰 Scope 3 배출량 저감 전략과도 직접적으로 연결되며, 간접구매 데이터 기반의 탄소 추정과 ESG 등급 기반 공급업체 선정이 중요한 요소로 부각되고 있습니다.

특히 Scope 3 배출량 관리 측면에서 AI는 강력한 도구로 부상하고 있습니다. GEP의 2024년 보고서[6]에 따르면, 일부 글로벌 기업은 공급업체로부터 수집한 간접배출 데이터(물류, 출장, 구매 품목 등)를 AI로 분석하여 제품별 탄소 발자국 Carbon Footprint 을[7] 정량화하고 있습니다. 예를 들어, 네슬레는 공급망 전반에 걸쳐 Scope 3 배출량을 실시간 모니터링하고, 고탄소 리스크가 있는 공급업체에 대해 개선 요청을 자동화하는 시스템을 도입했으며,

---

6. GEP, 10 Practical Steps to Reduce Scope 3 Emissions. 2024.
7. Nestlé. Creating Shared Value and Sustainability Report 2023.

EcoVadis와 같은 ESG 평가 기관도 AI 기반 평가 시스템을 통해 수천 개 공급업체의 지속가능성 데이터를 자동 수집 및 점수화하고 있습니다. 실제 2024년도에 최소 65점 이상의 ESG 점수를 받은 공급업체와만 거래하며, 점수가 낮은 업체에는 개선 계획을 요구했습니다. 이렇듯 기업들은 이를 구매 의사결정에 직접 반영하고 있고, 이러한 기술 기반 접근은 ESG 목표를 효과적으로 관리하는 동시에 간접구매 영역에서도 지속가능성과 비용 효율성을 동시에 추구할 수 있는 가능성을 열어주고 있습니다.

5. 지능형 자동화와 간접구매 혁신

지능형 자동화는 단순히 사람의 역할을 대체하는 것이 아니라, 사람과 AI가 서로 협력하는 형태로 발전하고 있습니다. 액센츄어 Accenture가 제시한 '유연한 노동력 Liquid Workforce' 모델은 AI가 반복적이고 단순한 업무를 담당하고, 사람은 전략적 판단 및 공급업체와의 관계 관리에 집중하도록 지원하는 방식을 의미합니다. 이를 통해 기업은 업무 효율성을 높이고 전략적 가치 창출을 이룰 수 있습니다. 실제로 SAP는 이 전략을 적용하여, 구매 부서에 AI 기반의 자동 발주 및 리스크 감지 시스템을 도입하고, 인력은 공급망 복원력 강화 및 ESG 연계 전략 수립에 집중하는 2중 운영 체계를 구축했습니다. 이와 같은 협업 모델은 반복 업무의 자동화와 고부가 전략 업무의 분리를 통해 전체 구매 성과를 크게 향

---

8. EcoVadis. Ratings Methodology Overview and Principles. 2023.

사례

AI를 활용한 구매 혁신

글로벌 기업들의 AI 구매 혁신 사례는 다음과 같습니다.

- 쿠파는 AI 기반 비용 분석 및 구매 최적화 솔루션을 도입하여 구매 프로세스를 자동화합니다. 실시간 데이터 분석을 활용하여 기업의 구매 비용 절감을 극대화합니다.

  주요 고객사 | Key Customers: 유니레버, 에어버스(Airbus), 아마존(Amazon)

- 자이커스는 AI 기반 공급업체 평가 시스템을 활용하여 리스크를 관리하고 계약 성과를 최적화합니다. 머신러닝을 적용한 지출 분석을 통해 비효율적인 구매를 줄이고 절감 효과를 극대화합니다.

  주요 고객사 | Key Customers: 코카콜라, 도요타(Toyota), 필립스(Philips)

- 이발루아는 AI 기반 구매 프로세스를 구축하여 연간 20% 이상의 비용 절감 효과를 달성합니다. 공급업체 리스크 관리를 AI로 자동화하여 기업의 ESG 목표 달성을 지원합니다.

  주요 고객사 | Key Customers: 뱅크오브아메리카(Bank of America), 허니웰(Honeywell), 미쉐린(Michelin)

특히 자이커스는 7단계 지출 분석 체계를 통해 데이터 정합성 확보, 분류 표준화, 카테고리별 비용 기회 파악까지 일관된 분석 절차를 제공합니다.[9]

자이커스의 머신러닝 기반 iAnalyze 기능은 비용 절감 항목 자동 추천, 예산 초과 경고, 공급업체 중복 파악 등에서 강력한 성능을 보이며, 글로벌 제조사 다수의 도입을 이끌고 있습니다.[10]

---

9. Zycus, Seven intelligent steps of spend data aggregation & analysis, 2024.
10. Zycus, Spend Analysis Soulution eBrochure, 2019.

상시킨 사례로 평가받고 있습니다.

    AI 기술의 도입은 간접구매 혁신을 위한 필수 요소가 되고 있습니다. 지출 분석 및 자동화된 구매 승인 시스템, 머신러닝을 활용한 수요 예측, 공급사 관리 최적화, 자연어 처리 및 챗봇을 통한 구매 지원은 기업의 비용 절감과 운영 최적화에 기여하고 있습니다. 앞으로 AI 기술이 더욱 발전함에 따라, 기업들은 더욱 정교한 구매 전략을 수립하고 경쟁력을 강화할 수 있을 것입니다.

지출 관리_분석 자동화

: 대기업 간접구매 시스템 구축 경험을 바탕으로 간접구매 품목 분류 체계를 구축하고
요청 기업의 AP Data(회계 계정별)를 AI를 활용, 자동 분류하여 빠른 시간에 지출 정보의 가시성을 확보함.

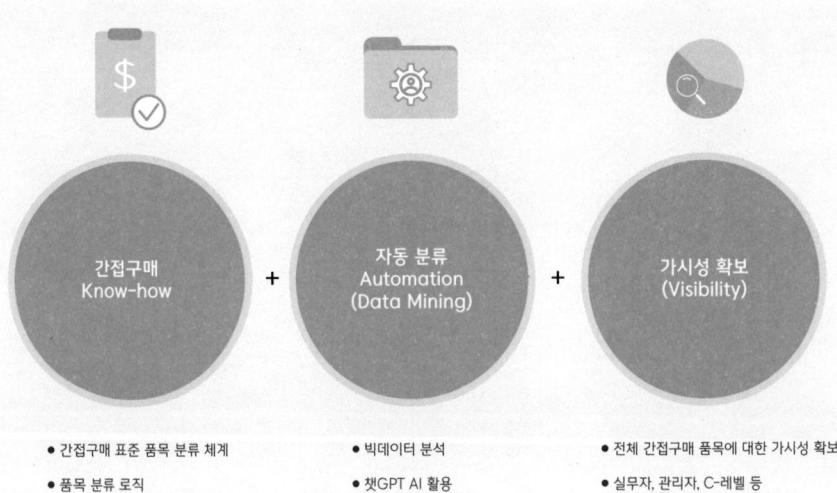

- 간접구매 표준 품목 분류 체계
- 품목 분류 로직

- 빅데이터 분석
- 챗GPT AI 활용
- 저렴한 비용으로 빠른 분석

- 전체 간접구매 품목에 대한 가시성 확보
- 실무자, 관리자, C-레벨 등
  직급별 맞춤 리포트 및 그래프 제공

지출 관리_분석 과정

: 요청 기업의 데이터를 빅데이터로 분류하는 방법을 특허로 등록했으며
궁극적으로 자동 분류를 함으로써 간접구매 혁신의 견인차가 되도록 함.

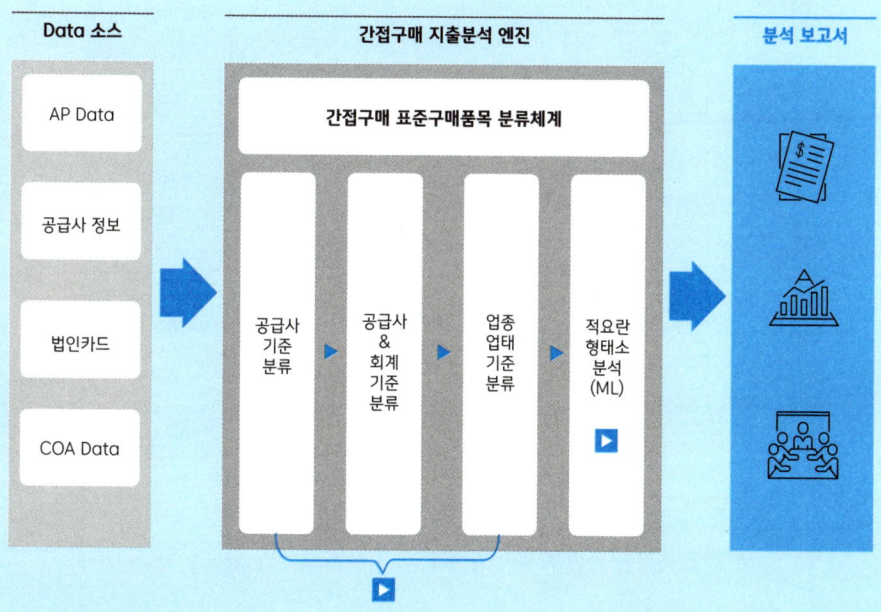

핵심 요약

디지털과 AI를 활용한 간접구매 혁신

01
AI 기반 지출 분석을 통해 간접구매 비용을 최소 10~20% 절감할 수 있으며, 실시간 지출 통제와 투명성을 확보할 수 있습니다.

02
글로벌 기업들은 AI 기반 공급업체 평가 시스템을 통해 구매 리스크를 최소화하고, 계약 성과를 극대화하고 있습니다.

03
AI와 자동화를 통한 구매 프로세스 혁신은 단순한 효율화를 넘어 기업의 경쟁력을 강화하는 전략적 수단이 됩니다.

CEO/CFO에게 제안하는 실행 과제

- 지출 분석 및 자동화 시스템 도입을 위한 전문 솔루션 검토
- 간접구매 부서의 AI 활용 역량 강화 교육 실시
- AI를 활용한 공급업체 평가 및 리스크 관리 프로세스 도입

"AI 기반 간접구매 솔루션 도입이 늦어질수록 경쟁사 대비 연간 수십억 원의 비용 절감 기회를 놓칠 위험이 커집니다."

구매실무 Tip

✓ AI 기반 구매란 무엇인가?

AI는 이제 구매 담당자의 필수 도구가 됐습니다. AI 기반 구매 AI Procurement 란 무엇일까요?

과거에는 구매 담당자가 공급업체를 비교하고 가격을 협상하는 데 많은 시간을 소모해야 했습니다. 하지만 이제는 AI가 데이터를 분석하고 최적의 구매 결정을 자동으로 추천하는 시대가 됐습니다.

◉ AI 구매의 주요 기능

① 과거 구매 데이터 분석: AI는 수천 건의 거래 데이터를 분석하여 최적의 공급업체를 추천합니다
② 가격 변동 예측: 시장 데이터를 기반으로 가격 변동을 예측하고, 가장 유리한 시점에 계약을 체결할 수 있도록 도와줍니다.
③ 자동 발주 시스템: 필요할 때 자동으로 발주를 실행하여 매버릭 구매를 줄이고 구매 프로세스를 최적화합니다.
④ ESG 기준 반영: AI는 공급업체의 ESG 데이터를 분석하여 지속가능한 구매가 가능하도록 지원합니다.

▶ AI 기반 구매 시스템은 비용 절감뿐만 아니라, 기업의 지속가능성과 리스크 관리까지 강화하는 역할을 합니다.

▶ AI가 구매의 미래를 어떻게 바꿀까요? 기업들은 AI 기술을 활용하여 더욱 스마트한 구매 전략을 구축하고 있습니다!

구매실무 Tip

✓ 미래의 구매 시스템, 기업들이 지금 준비해야 할 것은?

미래의 구매 시스템은 AI, 블록체인, ESG 중심으로 재편되고 있습니다. 기업들은 급변하는 구매 환경에 대응하기 위해 디지털 혁신과 지속가능한 전략을 적극적으로 도입해야 합니다.

⊙ 기업들이 준비해야 할 주요 변화

① AI 기반 자동화 구매 시스템 도입
AI 기술을 활용하여 수요 예측을 최적화하고, 구매 프로세스를 자동화하여 비용 절감과 운영 효율성을 극대화할 수 있습니다.

② 블록체인을 활용한 공급망 투명성 강화
블록체인 기술을 통해 거래 데이터를 안전하게 기록하고, 공급망 내 모든 프로세스를 실시간으로 추적할 수 있습니다. 이를 통해 공급업체의 신뢰도를 높이고, 위험 요소를 사전에 방지할 수 있습니다.

③ 지속가능한 구매 정책 및 탄소 배출 관리 시스템 구축
ESG 원칙을 기반으로 탄소 배출을 줄이고 친환경 구매를 확대하는 전략이 필요합니다. 탄소 배출량을 실시간으로 모니터링하고, 친환경 인증을 받은 공급업체와 협력하여 지속가능한 공급망을 구축해야 합니다.

▶ 기업들은 단순한 구매 최적화를 넘어, 디지털 트랜스포메이션과 ESG 중심 구매 전략을 필수적으로 준비해야 합니다.

▶ 디지털 혁신을 통해 구매를 최적화하는 것은 단순한 비용 절감을 넘어 경쟁력 강화를 위한 필수 요소가 되고 있습니다.

▶ 귀사의 구매 전략은 디지털 혁신과 ESG를 반영하고 있나요? 미래 구매 시스템을 위한 준비를 지금 시작해보세요!

구매실무 Tip

✓ 미국의 군수 조달과 표준화

표준화Standardization는 공급망 관리의 핵심 개념 중 하나입니다. 그런데 표준화의 개념이 군수 조달에서 시작됐다는 사실을 알고 있나요?

⦿ **표준화 이전: 주별로 다른 무기와 군복**
  ① 19세기 초반 미국은 각 주State별로 독립적인 방식으로 무기와 군복을 생산
  ② 남북전쟁(1861~1865) 당시, 연방군과 남군의 총기 규격이 달라 탄약 공유가 불가능해 문제 발생
  ③ 군복의 색상과 디자인이 주마다 달라 군인들이 혼란을 겪고 오인 사격 증가

⦿ **표준화의 시작: 미국 군수 조달의 변혁**
  ① 일라이 휘트니Eli Whitney: 1798년 미국 정부와의 계약을 통해 '교환 가능한 부품Interchangeable Parts' 개념 도입, 총기 생산을 표준화
  ② 1900년대 초반: 미국 육군은 공식적으로 총기, 탄약, 군복을 표준화하여 대량생산 체계 확립
  ③ 제1차, 제2차 세계대전: 표준화된 군수 조달이 전쟁 동안 대량생산 체계를 확립하는 핵심 요소로 작용

▶ 미국 군수 조달의 표준화는 이후 민간 산업에도 영향을 미쳤습니다. 자동차, 전자제품, 건설 자재 등 다양한 분야에서 표준화된 생산 방식이 도입되면서 현대적 공급망 관리의 기틀이 마련됐습니다.

▶ 오늘날 기업들도 글로벌 공급망에 동일한 원칙을 적용해 조달 효율성을 극대화하고 비용 절감을 실현하고 있습니다.

구매실무 Tip

✓ 기업 구매에서 윤리적 리더십이 중요한 이유

기업의 구매 담당자는 단순히 비용 절감자가 아닙니다. 이제는 윤리적 리더십Ethical Leadership을 발휘해야 하는 시대입니다.

오늘날 글로벌 공급망에서 윤리적 구매Ethical Procurement는 선택이 아닌 필수가 됐습니다. 기업의 구매 과정에서 비윤리적인 요소가 포함될 경우, 기업 평판은 물론 법적 문제까지 초래할 수 있습니다.

⦿ 왜 윤리적 구매가 중요한가?

① 공급망 내 노동 착취 방지: 아동 노동, 강제 노동과 같은 비윤리적 관행을 차단하여 지속가능한 공급망 구축
② 기업 평판 보호: 부패, 뇌물 수수 등의 비윤리적 구매가 미치는 부정적 영향을 차단하여 브랜드 신뢰도 향상
③ ESG 경영 강화를 위한 필수 요소: ESG 기준을 준수하는 공급업체와의 협력 강화

▶ 기업들은 이제 윤리적 구매 정책을 강화하고, 공급업체의 노동 환경과 공정 거래 여부를 철저히 평가해야 합니다.

▶ 윤리적 구매를 실천하는 기업만이 지속가능한 미래를 보장받을 수 있습니다. 여러분의 기업은 얼마나 윤리적인 구매를 실천하고 있나요?

사례

AI 기반 간접구매 분석 및 절감 사례: K사의 경우

* 다음 사례는 실제 K그룹의 간접구매 컨설팅에 활용한 자료를 토대로 만든 사례입니다. 구체적인 금액과 품목을 명시했습니다.

1. K사가 간접구매를 최적화한 이유

K사는 연간 11,078,300만 원의 지출 중 9,913,000만 원을 간접구매 비용으로 사용하고 있었습니다. 간접구매는 기업 운영에 필수적인 요소이지만, 비효율적으로 관리될 경우 불필요한 비용 지출이 증가하고 최적의 공급망을 운영하기가 어려울 수 있습니다.

이에 K사는 AI 기반 지출 분석 시스템을 도입해, 기업의 간접구매 패턴을 최적화하고 절감 기회를 극대화하는 전략을 추진하고 있습니다. 이 사례는 K사가 AI 기술을 활용하여 간접구매 비용을 분석하고 비용 절감 전략을 도출한 과정과 그 성과를 중심으로 구성된 것입니다.

2. 지출 분석을 통한 구매 혁신

　(1) 분석 목표 및 접근 방식

K사는 AI 기반 분석을 활용하여 16개 대분류 및 109개 세부 카테고리로 간접구매를 체계적으로 재분류했으며, 품목별로 절감 가능성을 평가했습니다. 이를 통해 단기적으로 650,000만 원 이상 절감 가능한 영역을 파악했으며, 장기적인 구매 혁신을 목표로 설정했습니다.

　(2) 절감 가능 항목 분석

K사의 간접구매 지출을 품목별로 분석한 결과, 상위 10개 카테고리가 전체 지출의 약 70%를 차지하는 것으로 나타났습니다. 특히 공장 소모품, 골판지, 생산 용역, 운송/물류 등의 항목에 집중적으로 비용이 발생했습니다.

▶ 보고서 내용 반영: 보고서에서 제공된 카테고리별 지출 금액과 절감 가능성을 구체적으로 삽입하여 테이블 및 설명 추가

3. 공급업체 분석 및 최적화 전략

(1) 공급업체 현황

K사는 연간 22,000여 개의 공급업체와 거래하고 있으며, 이 중 상위 9개 공급사가 전체 지출의 50%를 차지하는 구조였습니다. 이는 일부 업체에 대한 의존도가 높다는 점에서 리스크 요인이 될 수 있으며, 공급업체 다변화 및 협상 전략을 도입할 필요가 있었습니다.

▶ 보고서 내용 반영:
- 상위 9개 공급사의 점유율을 표로 제공
- 공급업체 다변화 필요성을 강조하는 해설 추가

(2) 공급업체 최적화 전략

이를 해결하기 위해 K사는 AI 기반 공급업체 성과 분석 및 입찰 경쟁 강화를 통해 공급업체 다변화 전략을 추진하고 있습니다. 또한 계약 금액이 큰 경우에는 반드시 여러 개의 견적을 받아 경쟁 입찰을 수행하도록 구매 규정을 설정했으며, 이를 통해 공정한 가격 경쟁과 최적의 비용 절감 효과를 실현하고 있습니다.

▶ 보고서 내용 반영:

- AI 기반 공급업체 분석 사례 설명
- 입찰 경쟁 활성화를 위한 전략 제안 추가
- 대규모 계약 시 복수 견적 및 경쟁 입찰 프로세스 강화

4. 1차 품목 및 2차 품목 관리

(1) 1차 품목 아웃소싱 및 관리

K사는 즉각적인 비용 절감 효과를 위해 1차 품목을 외부 아웃소싱하여 구매를 진행하는 전략을 수립했습니다. 아웃소싱을 통해 전문 공급업체와 계약을 체결하고 대량 구매를 통한 규모의 경제 효과를 실현하고 있으며, 아웃소싱업체는 매년 평가 및 재계약 여부를 검토하여 구매 경쟁력을 유지하도록 관리하고 있습니다.

▶ 보고서 내용 반영:
- 1차 품목 리스트 및 아웃소싱 대상 품목 정리
- 아웃소싱을 통한 비용 절감 기대 효과 추가
- 아웃소싱업체 관리 및 연간 평가 시스템 설명

(2) 2차 품목 구매 입찰 대행 및 통합 관리

K사는 2차 품목의 경우 간접구매 솔루션을 통해 선택적 구매 입찰 대행을 진행하며, 이를 통해 체계적인 구매 절차를 구축하고 있습니다. 특히, 간접구매 솔루션을 통하지 않고는 지불이 이루어지지 않도록 하는 정책을 수립해 구매 통제력을 강화하고 있습니다.

▶ 보고서 내용 반영:
- 2차 품목의 구매 입찰 대행 모델 설명
- 간접구매 솔루션을 통한 구매 통합 관리
- 구매 통제 정책 및 지불 관리 전략 추가

성공적인 간접구매 혁신을 위한 단계별 체크리스트

단계별 실행 플랜을 따름으로써, 기업은 간접구매 혁신을 효과적으로 실행하고 지속가능한 비용 절감 및 운영 효율성을 확보할 수 있습니다.

1단계: 지출 데이터 수집 및 분석 기준 설정

기존 구매 데이터를 수집하고 분석 기준을 설정
- ERP 및 구매 시스템에서 지출 데이터를 확보
- AI 분석을 활용하여 비효율적인 구매 패턴 및 절감 가능 품목 파악
- 지출 카테고리를 표준화하고 품목별 비용 절감 목표(5~15%)를 설정

비용 절감 기회 분석 및 예산 최적화
- 예산 모니터링 시스템 도입
- 특정 품목 또는 서비스에 대한 비용 절감 기회 확인 및 분석

2단계: 공급업체 최적화 및 입찰 전략

공급업체 평가 및 리스크 분석
- 기존 공급업체의 성과 및 의존도 평가(상위 9개 공급업체 분석)
- 리스크 관리 체계를 구축하고 대체 공급업체 확보 전략 마련

입찰 프로세스 최적화 및 경쟁입찰 실행
- 계약 금액이 일정 금액 이상인 경우 반드시 복수 견적 및 경쟁 입찰 수행
- 공급업체 평가 모델을 활용하여 최적의 입찰 전략 실행

3단계: 자동화 및 리스크 관리 강화

간접구매 솔루션을 통한 지출 통제
- 모든 구매 요청 및 지불이 간접구매 솔루션을 통해 승인되도록 정책 수립
- 승인 및 지불 프로세스 도입

주문 및 지불 자동화 시스템 연계
- 구매 프로세스 자동화 및 실시간 모니터링 가능하게 설정
- 구매 요청자와 구매자 역할(R&R)을 분리하여 내부 리스크 통제 강화

4단계: 지속적인 모니터링 및 KPI 측정

성과 측정 및 지속적인 개선
- KPI 분석을 활용하여 비용 절감 및 프로세스 개선 효과 측정
- 정기적인 내부 감사 및 성과 평가를 통해 공급업체 및 구매 프로세스 개선

실시간 리스크 대응 및 최적화
- AI 기반으로 공급업체 리스크를 지속적으로 모니터링 및 대응
- AI 및 빅데이터를 활용하여 예측 기반 구매 최적화 추진

4장
ESG 목표 달성을 위한 간접구매 전략

    기업의 지속가능성을 위한 경영 전략으로 ESG가 점점 더 중요한 요소로 자리 잡고 있습니다. 그러나 ESG 경영이 단순히 선언적인 목표에 그치지 않고 실질적인 성과를 내려면 구매 조직의 역할이 필수적입니다. 기업은 지속가능한 공급망을 구축함으로써 안정적인 운영을 보장받을 수 있으며, 이는 ESG 목표 달성의 핵심이 됩니다.

    CDP에 따르면, Scope 3는 기업 전체 배출량의 70~90%를 차지하며 이 중 '구매한 재화와 서비스'가 핵심 항목입니다. 그러나 많은 기업에서 간접구매 데이터를 여전히 체계적으로 관리하지 못하고 있어 ESG 실행력에 큰 공백이 발생하고 있습니다.

    특히 간접구매 부문에서 ESG를 효과적으로 적용하면 Scope 3 배출량 저감과 같은 실질적인 환경적 성과를 얻을 수 있습니다. 따라서 기업에서는 데이터 기반의 ESG 전략을 수립하고, AI 및 디지털 기술을 활용한 공급망 관리 방식을 도입하여 ESG 목표를 더욱 효과적으로 추진해야 합니다.

또한, 간접구매 품목을 구매하는 공급사의 데이터를 확보함으로써 직접구매 중심의 ESG 전략을 보강하는 역할을 하며, 이는 ESG 목표 달성의 기반을 더욱 견고하게 만듭니다. 즉, 간접구매 공급사의 ESG 전략과 연계하여 지속가능한 경영을 실현하는 핵심적인 요소로 작용할 수 있습니다.

이 장에서는 ESG 목표를 달성하기 위한 간접구매 전략을 구체적으로 살펴보고, 글로벌 기업들의 ESG 구매 정책 사례를 통해 시사점을 도출하고자 합니다.

1. 지속가능한 구매의 원칙

1) 지속가능한 구매의 개념

지속가능한 구매Sustainable Procurement란, 공급업체의 환경적 지속가능성, 윤리적 노동 기준 준수, 사회적 책임 이행 여부를 고려하여 제품과 서비스를 구매하는 방식을 의미합니다. 과거에는 가격과 품질 중심으로 구매가 이루어졌으나 최근에는 탄소 배출 저감, 친환경 원자재 사용, 노동자의 인권 보호 등의 요소가 기업의 구매 전략에 중요한 기준으로 작용하고 있습니다.

2) 친환경 구매를 통한 ESG 목표 달성

다양한 글로벌 기업이 친환경 구매 정책을 통해 ESG 목표를 실현하고 있습니다.

- 유니레버는 지속가능한 농업 원칙Sustainable Agricultural Principles을 발표하고, 모든 농산물 공급망에서 ESG 기준을 적용하고 있습니다. 유니레버는 지속가능성 인증을 받은 농산물을 우선적으로 사용하며, 소규모 농가와 협력하여 환경 친화적인 농업 방식을 도입하는 프로젝트를 운영하고 있습니다. 예를 들어, 카카오 및 팜유 공급망에서 지속가능한 농업 기준을 강화하여 열대우림 파괴를 최소화하고, 원주민 커뮤니티와 협력하여 윤리적인 구매를 시행하고 있습니다.

- 마이크로소프트는 탄소 중립 목표를 달성하기 위해 탄소 배출 감축 목표 KPI를 공급업체와 공유하고, 이를 평가 기준에 반영하고 있습니다. 마이크로소프트는 주요 공급업체에 재생에너지를 사용하도록 의무화하고 있으며, 공급업체의 탄소 배출량을 데이터 기반으로 평가하는 AI 기반 분석 시스템을 도입해 공급망의 지속가능성을 실시간으로 관리합니다. 이를 통해 2025년까지 공급망 내 탄소 배출량을 50% 이상 줄이는 것을 목표로 하고 있습니다.

- 이케아는 2024년 지속가능성 보고서에서 원자재의 50% 이상을 재생 가능 또는 재활용 원료로 우선으로 구매하고 있으며, 공급업체에 재생에너지 사용을 강력히 요구하고 있습니다. 이케아는 공급업체와의 협력을 통해 Scope 3 탄소 배출량을 28% 감축하는 데 성공했으며, 특히 포장재 사용을 줄이기 위해 플라스틱 대신 종이 기반의 패키징을 확대하고 있습니다. 또한, 재활용 폴리에스터 및 바이오 기반 플라스틱 사용을 70% 이상 확대하고 있으며, 매년 1억 톤 이상의 폐기물을 재활용하여 순환 경제 모델을 강화하고 있습니다.

이들은 단순한 '요구 사항 전달'이 아닌, 공급사와의 공동 프로젝트, ESG 역량 개발, 지속가능성 인센티브 구조까지 포함하는 '협업형 구매Partnership-based Procurement' 모델로 진화하고 있습니다.

3) Scope 3 배출량을 낮추는 구매 정책

Scope 3 배출량은 기업이 직접 배출하는 온실가스 Scope 1, 2와는 달리, 공급망에서 발생하는 간접 탄소 배출량을 의미합니다. 기업들은 공급업체를 대상으로 탄소 배출량을 평가하고 감축 계획을 수립하며, AI 및 데이터 분석을 활용하여 Scope 3 감축 목표를 실현하고 있습니다.

AI 및 데이터 기반의 ESG 구매 전략은 크게 (1) 측정→(2) 예측→(3) 조치의 세 단계로 구성됩니다. 즉, 정량적 배출 측정, 탄소 감축 가능성 분석, 공급사별 감축 기여도 산정을 통해 지속가능한 구매를 실행합니다. 이를 구현하는 주요 전략은 다음과 같습니다.

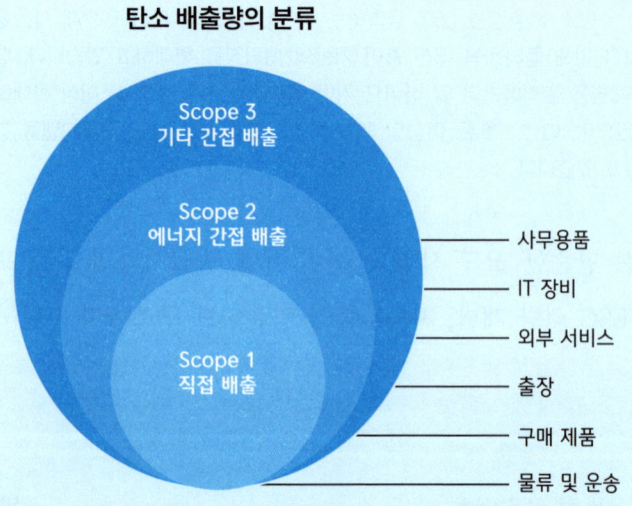

- 탄소 배출량 실시간 모니터링 및 보고 자동화
- ESG 등급이 높은 공급업체 우선 계약 체결
- AI 기반 탄소 배출 예측 및 최적화된 구매 프로세스 구축

사례: ESG 목표 달성을 위한 글로벌 기업의 구매 전략

1) GEP의 ESG 구매 플랫폼은 AI 기반 분석을 통해 공급업체의 환경 성과 점수를 자동 평가하고, 지속적으로 모니터링할 수 있도록 지원하고 있습니다. 예를 들어, 기업이 특정 원자재를 구매할 경우 해당 원자재의 전 과정에서 발생하는 탄소 배출량을 실시간으로 분석해 ESG 기준에 부합하는 공급업체를 추천하는 기능을 갖추고 있습니다.

2) EcoVadis 평가 시스템을 활용하여 공급업체의 ESG 성과를 평가하고, 일정 기준 이하의 업체와는 계약을 제한하는 방식입니다. 예를 들어, 네슬레는 평가에서 최소 65점 이상의 ESG 점수를 받은 공급업체와만 거래하며, 점수가 낮은 업체에는 개선 계획을 요구합니다.

3) 이발루아의 지속가능 구매 시스템은 탄소 배출량이 낮은 공급업체를 추천하는 AI 모델을 활용하여 ESG 목표 달성을 돕습니다.

4) IBM의 Generative AI를 활용한 공급망 분석 시스템은 탄소 감축 가능성이 높은 구매 전략을 자동 추천합니다.

쿠파는 자사 ESG 보고서를 통해 Scope 3 감축 전략을 적극 추진하고 있으며, 2024년 기준으로 전체 Scope 3 배출량의 70% 이상이 '구매한 재화 및 서비스'에서 발생한 것으로 분석했습니다. 이에 따라 쿠파는 공급업체와의 협업을 통해 탄소 배출 감축 계획을 수립하고, 지출 기반 배출emission by spend 탄소 추정 모델을 도입하여 공급사별 감축 기여도를 산정하고 있습니다.

2. ESG 목표 달성을 위한 공급업체 선정, 관리

1) 지속가능성 기준 적용

기업들은 공급업체 선정 시 ESG 기준을 필수적으로 반영하고 있습니다. 주요 ESG 평가 기준은 다음과 같습니다.

- 환경: 탄소 배출량, 재생 가능 에너지 사용, 친환경 원료 적용 여부
- 사회: 노동 인권 보호, 공정한 임금 지급, 윤리적 경영 실천
- 거버넌스: 내부 리스크 관리, 준법 감시 체계 구축

기업들은 이 평가 결과를 기반으로 공급업체를 관리하며, ESG 점수가 일정 기준 이하일 경우에는 계약을 중단하는 방식으로 지속가능성을 강화하고 있습니다.

플래너지Planergy는 공급망 리스크를 단순한 운영의 문제로 보지 않고, ESG 기준과 재무 건전성, 디지털 통합 수준까지 포함하는 다차원적 요소로 접근할 것을 강조하고 있습니다.

특히 공급업체의 계약 이행 실패, 납기 지연, 정보 누락, 파산 등은 품질 리스크를 넘어서 기업의 재무 건전성 및 ESG 점수에까지 영향을 미칠 수 있는 핵심 리스크로 작용합니다. 이에 대한 사전 대응 전략으로는 AI 기반의 공급업체 신용 분석, 구매 이력 기반의 위험 예측 모델 등이 제안되고 있습니다.

이러한 리스크를 통제하기 위해서는 계약 시점부터 ESG 요건과 디지털 정보 제출 기준을 명문화하고, 이후 구매 프로세스에서 자동으로 확인·경고 기능을 수행하는 통합형 시스템이 필수적

이라는 점도 강조하고 있습니다.[11]

2) 공급망 리스크 관리

ESG 데이터를 활용한 공급망 리스크 관리는 기업이 환경적·사회적 위험을 사전에 예측하고 대응하는 핵심 요소입니다.

- BMW의 ESG 평가 모델은 AI를 활용해 공급업체의 ESG 점수를 자동 평가하고, 친환경 소재(재활용 알루미늄, 바이오 플라스틱 등)를 사용하는 업체와 우선적으로 계약을 체결하고 있습니다.
- 이발루아의 ESG 리스크 관리 시스템은 공급업체의 ESG 리스크를 사전에 분석하고, 위험성이 높은 업체를 필터링해 지속가능성을 강화하고 있습니다.
- GEP: ESG 구매 플랫폼을 운영하여 기업들이 탄소 배출량을 줄일 수 있도록 공급업체 평가 및 계약 체계를 지원하고 있습니다.
- 네슬레: 공급업체들에 온실가스 감축 목표를 설정하도록 요구하며, 실제 ESG 평가 점수가 65점 이상인 업체와 거래하도록 정책을 수립하고 이행 상황을 지속적으로 평가하여 계약 조건에 반영하고 있습니다.

또한 맥킨지는 제조업에서 간접 영역(유지보수, 품질, 엔지니어링 등)의 ESG 성과를 정량화해 Scope 3 배출량 저감 전략에 적극적으로 반영하고 있다고 지적합니다. 특히, 탄소 배출량이 많은 서비스형 구매(Service-as-a-Product)나 장비류의 경우, 공급업체가 보유한 생산 공정의 탄소 집약도(carbon intensity) 정보가 핵심적인 평가 기준이 되고 있습니다.

보고서는 간접구매에서 탄소 배출을 정확히 추적하려면 단순

---

11. Planergy, Financial Risk In Supply Chain And How To Manage It, 2024.

히 '물건을 얼마에 샀는가'가 아니라, '어떤 방식으로 만들어졌는가'를 파악할 수 있는 공급망 데이터 통합이 필요하다고 강조합니다. 이를 위해 ERP 중심의 지출 분석 시스템과 LCA환경 전 과정 평가, Life Cycle Assessment 데이터를 연동하는 체계가 Scope 3 ESG 평가의 새로운 기준이 되고 있습니다.[12]

특히, 간접구매 지출이 높은 기업일수록 자사의 '지속가능성 회계Sustainability Accounting' 구조에 간접비 지출 데이터를 통합함으로써 투자자 대응과 ESG 공시에 유리한 고지를 선점할 수 있습니다.

3. 윤리적 구매 실천

1) 인권 및 노동 기준 준수

공정무역Fair Trade은 공급망 내에서 노동자의 권리를 보호하고, 윤리적 경영을 실천하기 위한 구매 정책입니다. 글로벌 기업들은 공정무역 인증을 받은 업체와의 협력을 확대하고 있으며, 노동 기준을 엄격히 준수하는 공급업체를 선호하는 방향으로 구매 전략을 조정하고 있습니다.

- ILO국제노동기구 기준 준수 여부 확인
- 비윤리적 노동 관행(아동 노동, 강제 노동 등) 근절을 위한 공급망 감시 강화
- 공정무역 인증Fair Trade Certified 제품 구매 확대

---

12. McKinsey, Operations Indirect manufacturing costs: An overlooked source for clear savings, 2023.

2) 사회적 기업 및 지역 공급업체와의 협력

기업들은 ESG 경영을 강화하기 위해 사회적 기업 및 로컬 공급업체와 협력하는 방안을 추진하고 있습니다.

- 이케아는 로컬 소싱을 통해 탄소 배출을 줄이고, 지역 경제 활성화에 기여하고 있습니다.
- 네슬레는 공정무역 인증을 받은 코코아 농가와의 협력을 강화하고 있으며, 아동 노동을 금지하는 윤리 기준을 계약에 명문화하고 공급망 감시 체계를 운영 중입니다. 이를 통해 공급망 내 사회적 책임을 실질적으로 강화하고 있습니다.

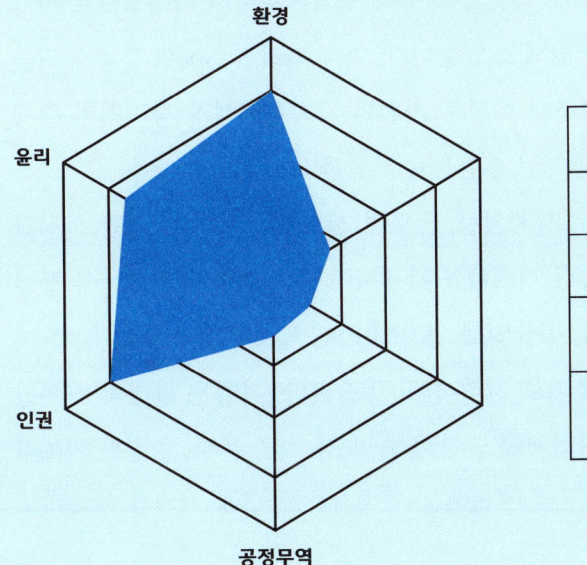

*ESG 기준을 반영한 공급업체 평가 기준 중 공급망 리스크가 가장 높은 점수를 기록하고 있다.

4. ESG에 기반한 간접구매 혁신 사례

AI 및 ESG 데이터를 활용하여 탄소 배출 저감을 실현한 기업 사례는 다음과 같습니다.

- GEP의 ESG 구매 플랫폼은 공급업체의 ESG 점수를 실시간 모니터링하고, 친환경 구매를 지원하는 플랫폼을 제공하고 있습니다.
- 이발루아의 ESG 기반 공급망 관리 솔루션은 공급망 내 탄소 배출량을 분석하고 지속가능성을 평가하는 기능을 제공하고 있습니다.

ESG 목표 달성을 위한 간접구매 전략은 이제 선택이 아닌 필수입니다. 과거에는 기업의 사회적 책임이나 환경적 가치가 주로 CSR[기업의 사회적 책임, Corporate Social Responsibility] 수준에 머물렀다면, 이제는 ESG 경영이 투자자와 고객, 규제 당국으로부터 직접적으로 평가받는 구조로 전환되고 있습니다. 이에 따라 Scope 3 감축 전략을 내재화한 간접구매 혁신은 기업의 지속가능성과 장기적인 경쟁력 확보를 위한 핵심 수단으로 부상하고 있습니다.

앞서 살펴본 사례처럼, 글로벌 선도기업들은 AI 기반 분석과 ESG 데이터 통합 시스템을 활용하여 구매 의사결정 수준을 끌어올리고 있으며, 공급업체 평가에 ESG 요소를 반영하는 것은 이미 기본적인 조치로 자리 잡고 있습니다. 기업은 환경적 가치만이 아니라 공급업체의 인권 존중, 노동 기준 준수, 투명한 지배구조까지 종합적으로 고려하는 지속가능한 구매 체계를 구축하고 있습니다.

특히 간접구매 영역에서의 Scope 3 감축 가능성은 그동안 상대적으로 간과되었지만, 정작 많은 기업의 전체 탄소 배출량 중 가장 큰 비중을 차지하고 있다는 점에서 전략적으로 접근해야 할 분야입니다. 간접구매 품목의 구매 데이터를 정밀하게 분석하고, 이를 탄소 배출 원단위나 LCA와 연계해 실질적인 배출량을 추산하는 방식은 앞으로 모든 글로벌 기업의 표준으로 자리 잡을 가능성이 높습니다.

또한, 단순한 공급사 평가를 넘어 지출 분석 데이터를 기반으로 '지속가능성 회계' 체계를 갖춘 기업은 투자자, 기관, ESG 평가 기관 등 외부 이해관계자들로부터 높은 평가를 받을 것입니다. 이처럼 AI 기술과 ESG 데이터를 통합한 간접구매 전략은 단기적인 비용 절감 이상의 가치를 창출하며, 궁극적으로는 지속가능한 공급망 관리의 '디지털 인프라'로 기능하게 됩니다.

지속가능한 구매 실행

 친환경 제품 우선

 공정무역 인증

 ESG 평가 통합

기업이 이러한 혁신을 실행에 옮기기 위해서는 최고경영진의 인식 전환이 필요합니다. ESG는 경영 관리 항목일 뿐 아니라, 회사의 리스크를 최소화하고 브랜드 신뢰도를 높이며 자본비용을 낮추는 전략적 무기로 자리 잡고 있습니다. 특히 간접구매는 조직 내에서 IT, 총무, 마케팅, 시설 관리 등 다양한 영역과 연계되어 있어 전사적 차원의 구조 혁신이 요구됩니다.

결국, 간접구매의 ESG 연계는 기업의 '비가시적 가치'를 정량적으로 전환하는 작업이며, 이는 ESG 공시의 신뢰도와 직결되고, 더 나아가 기업의 장기적 생존과 직결됩니다. 이제 ESG는 더 이상 선언이나 레이블이 아니라, 측정 가능한 데이터와 구조로 입증돼야 하는 성과입니다.

핵심 요약

ESG 목표 달성을 위한 간접구매 전략

01

ESG 목표 달성은 간접구매 관리 없이는 현실적으로 불가능하며, 특히 Scope 3 배출 관리가 기업의 ESG 평가를 좌우합니다.

02

친환경 구매와 ESG 기반 공급업체 선정은 기업의 장기적 경쟁력과 투자자 신뢰도를 크게 높일 수 있는 핵심 전략입니다.

03

지속가능한 구매 정책을 수립하면 탄소 배출량 감축과 동시에 기업의 사회적 책임 강화로 브랜드 가치 상승 효과를 얻을 수 있습니다.

CEO/CFO에게 제안하는 실행 과제

- ESG 목표와 연계된 간접구매 정책 및 공급업체 평가 기준 수립
- 공급망의 ESG 성과를 평가하고 모니터링할 수 있는 관리 시스템 도입
- 친환경 및 공정무역 기준을 반영한 윤리적 구매 프로세스 구축

"ESG와 연계하여 간접구매 혁신이 따르지 않으면, ESG 평가 하락으로 기관투자자가 외면하고 브랜드 이미지에 타격을 받을 위험이 큽니다. 간접구매의 ESG 통제가 미흡한 기업은 Scope 3 신뢰도를 확보하지 못해, 공시 리스크 및 투자 유치 한계에 직면할 수 있습니다."

구매실무 Tip

✓ **녹색 구매 Green Procurement는 왜 필요한가?**

녹색 구매는 ESG 트렌드를 넘어, 기업의 브랜드 가치와 지속가능성을 높이는 핵심 요소가 되고 있습니다. 친환경 제품 구매와 지속가능한 구매 전략을 통해 기업들은 환경 보호뿐만 아니라 경제적 이익까지 실현할 수 있습니다.

⦿ 녹색 구매의 주요 이점

① 탄소 중립 목표 기여: 친환경 제품과 서비스를 구매하여 기업의 탄소 발자국을 줄이고, 탄소 중립 목표 달성에 기여합니다.
② 투자자 신뢰 확보: ESG 평가에서 높은 점수를 받아 지속가능성을 중시하는 투자자들의 관심을 끌고, 기업 가치를 상승시킵니다.
③ 소비자 선호도 증가: 환경을 고려한 친환경 브랜드가 소비자들의 신뢰를 얻으며, 매출 증가로 이어질 가능성이 높습니다.

⦿ 녹색 구매를 실천하는 글로벌 기업들

① 애플: 공급망에서 친환경 원자재를 우선 구매하고, 재생 가능 에너지 사용 비율을 확대
② 마이크로소프트: 지속가능한 데이터 센터 구축을 위해 100% 재생 가능 에너지를 활용
③ BMW: 전기차 배터리에 친환경 원료를 사용하며, 공급업체에 ESG 기준을 요구

▶ 녹색 구매는 이제 선택이 아닌 필수입니다. 지속가능한 공급망 구축을 통해 기업의 사회적 책임을 강화하고, 장기적인 경제적 이익까지 확보할 수 있습니다.

▶ 여러분의 기업은 친환경 구매 전략을 실행하고 있나요? 지속가능한 미래를 위한 녹색 구매를 시작해보세요!

구매실무 Tip

✓ 애플은 어떻게 공급망을 혁신했을까?

애플은 단순한 기술 혁신을 넘어, 공급망 혁신Supply Chain Innovation에서도 선두를 달리고 있습니다. 친환경 구매와 ESG 목표 실현을 위해 지속가능한 공급망 전략을 적극적으로 추진하고 있습니다.

- **애플의 ESG 구매 전략**
    ① 탄소 중립 공급망 구축: 2030년까지 모든 제품을 탄소 중립으로 생산하는 것을 목표로 설정하고, 공급업체에도 동일한 목표를 요구
    ② 재생에너지를 활용한 제조공정 확대: 글로벌 생산시설에서 100% 재생 가능 에너지를 사용하도록 전환
    ③ 책임 있는 원자재 구매Responsible Minerals Initiative, RMI 참여: 윤리적 원자재 구매를 위해 분쟁광물Conflict Minerals 사용을 제한하고, 지속 가능한 채굴 방식 지원

애플은 공급업체와 긴밀히 협력하여 친환경 구매와 ESG 목표를 실현하는 대표적인 사례입니다.

▶ 오늘날 기업들도 글로벌 공급망에 동일한 원칙을 적용해 조달 효율성을 극대화하고 비용 절감을 실현하고 있습니다.
▶ 애플의 공급망 전략은 비용 절감뿐 아니라, 지속가능성과 윤리적 경영을 실천하며 브랜드 신뢰도를 강화하는 방향으로 발전하고 있습니다.
▶ 여러분의 기업도 애플처럼 ESG를 고려한 지속가능한 구매 전략을 실천하고 있나요? 미래를 위한 친환경 구매의 중요성을 지금부터 준비하세요!

구매실무 Tip

✓ 공정무역 인증이 기업 구매에 미치는 영향

공정무역 인증 제품이 기업 구매에서 점점 중요해지고 있습니다. 단순한 마케팅 전략이 아니라, 지속가능한 구매와 윤리적 경영을 위한 필수 요소로 자리 잡고 있습니다.

◉ **공정무역 구매의 주요 원칙**

① 노동자의 권리 보장: 공정한 임금 지급과 근로 환경 개선을 통해 생산자의 생활 수준 향상
② 지속가능한 농업 및 생산 방식 촉진: 친환경 농업과 책임 있는 자원 활용으로 환경 보호
③ 공급업체의 인권 보호: 강제 노동과 아동 노동을 배제하고 공정한 거래를 보장

◉ **글로벌 기업들의 공정무역 실천 사례**

① 스타벅스: 공정무역 인증 원두를 적극 조달하여 지속가능한 커피 공급망 구축
② 네슬레: 공정무역 초콜릿 원료를 확보하여 윤리적 소비 트렌드에 맞춘 제품 개발
③ 유니레버: 공정무역 인증 농산물을 조달하여 ESG 목표를 강화

▶ 공정무역 구매는 브랜드 이미지 향상뿐 아니라, 글로벌 공급망의 지속가능성을 보장하는 중요한 전략입니다.

▶ 여러분의 기업은 윤리적이고 지속가능한 조달을 실천하고 있나요? 공정무역이 만드는 긍정적인 변화에 동참해보세요!

구매실무 Tip

✓ **스타벅스는 어떻게 커피 원두 구매를 혁신했을까?**

스타벅스는 커피 브랜드를 넘어서, 지속가능한 구매의 대표적인 사례입니다. 원두 구매뿐 아니라, 환경 보호와 생산자 지원을 동시에 고려하는 혁신적인 구매 전략을 구축하고 있습니다.

◉ 스타벅스의 윤리적 구매 전략

① 'C.A.F.E. Practices' 윤리적 농업 기준 프로그램 운영: 스타벅스는 커피 농부들이 친환경 농업을 실천하고 공정한 가격을 받을 수 있도록 지원하는 윤리적 구매 기준을 마련했습니다.
② 공정무역 인증 원두의 구매 비율 확대: 스타벅스는 공정무역 인증 원두의 비율을 점점 확대하며 지속가능한 공급망을 강화하고 있습니다.
③ 지속가능한 농업 교육 및 생산자 지원: 전 세계 커피 농가에 친환경 재배법과 경영 교육을 제공하여, 생산자의 수익성을 보장하면서 환경 보호까지 실천하고 있습니다.

스타벅스는 원두를 구매할 뿐만 아니라, 공급업체와 장기적인 파트너십을 구축하여 윤리적이고 지속가능한 커피 공급망을 형성하고 있습니다.

▶ 윤리적 구매가 기업의 사회적 책임과 브랜드 가치에 얼마나 중요한 역할을 할 수 있는지, 스타벅스의 사례를 통해 확인할 수 있습니다.

▶ 여러분의 기업도 지속가능한 구매 전략을 구축하고 있나요? 이제는 ESG 경영이 기업 생존의 필수 요소가 되고 있습니다!

5장
디지털 전환을 통한 간접구매 프로세스 혁신

　디지털 기술의 발전과 자동화 도구의 활용은 기업의 구매 방식에 혁신을 가져오고 있습니다. 그러나 간접구매 부문은 여전히 아날로그 방식이 주를 이루고 있으며, 많은 기업이 전화와 이메일을 통한 주문 및 수작업 정산을 지속하고 있습니다. 이러한 방식은 업무의 비효율성을 초래하며, 기업의 운영 비용을 증가시키는 주요 원인이 되고 있습니다.

　간접구매 부문에서의 디지털 전환은 자동화를 넘어 표준화된 프로세스를 기반으로 한 P2P 시스템을 구축하는 것이 핵심입니다. 이를 통해 업무 프로세스를 최적화하고, 비용과 시간을 절감하며, 투명하고 효율적인 공급망을 구축할 수 있습니다.

　특히 클라우드 기반의 구매 플랫폼, AI를 활용한 데이터 분석, RPA를 통한 업무 자동화, 블록체인을 통한 보안 및 신뢰성 강화 등의 기술을 도입하면 구매 업무의 효율성을 극대화하고 기업의 디지털 전환을 가속화할 수 있습니다. 이 장에서는 이러한 디지털 기술을 활용한 간접구매 혁신 방안을 심층적으로 분석하고, 글로벌 기업들의 사례를 통해 최적의 해결책을 제시하려 합니다.

1. 전자구매 시스템의 활용

1) P2P 프로세스 혁신

기업의 구매 프로세스는 일반적으로 구매 요청, 승인, 발주, 납품, 결제의 단계를 거칩니다. 그러나 수작업 중심의 구매 방식은 비효율적이며, 실시간 데이터 분석이 어려워 비용 통제에 한계를 보입니다. P2P 프로세스는 이러한 문제를 해결하기 위해 전자구매 시스템을 활용하여 전체 구매 과정을 자동화하는 방식입니다.

간접구매 솔루션 기업인 쿠파는 P2P 프로세스의 디지털화를 통해 지출 대부분을 계약 기반으로 통제하고 있으며, 사전 승인 지출율과 전자 송장 자동 처리율을 시스템에서 관리합니다. 쿠파는 클라우드 기반의 SaaS 모델을 통해 각 기업의 구매 프로세스를 신속하게 설정하고, 변화 관리에 드는 리소스를 최소화하는 구조를 제공합니다

이러한 디지털 전환은 자동화에 그치지 않고, 지출 정책의 내재화, 공급업체와의 실시간 협업, 감사 투명성 확보 등 조직의 지출 거버넌스를 근본적으로 혁신합니다. 특히 쿠파는 각 기업의

프로세스를 클라우드상에서 신속하게 설정하고 정기적으로 업그레이드하는 SaaS 모델을 통해, IT 의존도를 낮추고 변화 관리에 드는 리소스를 절감합니다.[13]

P2P 프로세스 혁신의 주요 요소는 다음과 같습니다.

- 디지털 카탈로그 기반 구매: 승인된 공급업체의 전자 카탈로그를 활용하여 간접구매 품목을 표준화하고 일괄 관리
- 자동화된 승인 및 워크플로우 최적화: 구매 요청, 승인, 발주까지의 프로세스를 디지털화하여 비용 절감
- 전자 송장 및 결제 프로세스: 종이 기반 프로세스를 없애고 블록체인 기반 전자 송장 시스템을 도입하여 결제 속도를 향상

사례: P2P 프로세스를 혁신한 글로벌 기업

1) GE: 디지털 카탈로그와 자동화된 구매 프로세스를 활용하여 구매 비용을 20% 절감
2) 지멘스: AI 기반 P2P 프로세스를 도입하여 승인 속도를 40% 단축
3) IBM: 블록체인 기술을 활용한 전자 송장 시스템을 도입하여 공급업체의 결제 지연 문제 해결

2) 클라우드 기반 전자조달 시스템

클라우드 기반 전자조달 시스템은 기업의 구매 프로세스를 중앙에서 관리하고, 다양한 공급업체와의 협업을 용이하게 합니다. 이는 기업이 구매 운영을 더욱 유연하고 실시간으로 최적화

---

13. Coupa, The Coupa Platform For IT leaders, 2021.

할 수 있도록 지원합니다.

자이커스 또한 지출 분석 및 소싱 플랫폼과의 API 연계를 통해 실시간 공급업체 모니터링과 리스크 조기 경고 체계를 제공하고 있으며, 이러한 데이터 통합은 공급망 전반의 탄력성을 강화하는 핵심 요소로 작용하고 있습니다.[14]

맥킨지에 따르면, 이러한 S2P(Source-to-Pay)와 B2B 마켓플레이스의 통합은 반복적 품목에 대한 '전략 외 업무'의 자동화를 통해 구매 부서 인력의 전략 업무 전환율을 30~50%까지 증가시킬 수 있다고 합니다.[15]

클라우드 기반 전자조달 시스템의 주요 특징은 다음과 같습니다.

1) 온디맨드 방식의 구매 운영: 실시간으로 구매 요청 및 승인 가능
2) 데이터 분석을 통한 지출 관리 최적화: 클라우드를 활용한 실시간 지출 모니터링
3) 공급업체와의 협업 강화: 클라우드 기반의 협업 툴을 통해 실시간 공급망에 대한 가시성 확보

사례: 클라우드 기반 전자조달 시스템을 도입한 기업

1) 유니레버: 클라우드 구매 플랫폼을 통해 공급망 투명성을 35% 향상
2) 네슬레: 클라우드 기반의 실시간 지출 분석을 도입하여 비용 절감 15% 달성
3) P&G: 전자조달 시스템 도입으로 구매 프로세스 처리 속도 50% 향상

---

14. Zycus, Spend Analysis Soulution eBrochure, 2019.
15. McKinsey, How B2B online marketplaces could transform indirect procurement, 2019.

자이커스 또한 지출 분석 및 소싱 플랫폼과의 API 연계를 통해 실시간 공급업체 모니터링과 리스크 조기 경고 체계를 제공하고 있으며, 이러한 데이터 통합은 공급망 전반의 탄력성을 강화하는 핵심 요소로 작용하고 있습니다.

플래너지에 따르면, 전자구매 시스템과 AP(미지급 계정, Accounts Payable) 자동화 시스템의 통합은 단순한 문서 처리 자동화를 넘어, 기업의 비용 통제와 내부 회계 시스템의 투명성 확보에 있어 핵심적인 역할을 수행한다고 설명하고 있습니다.

특히 PO(구매 발주서, Purchase Order), 수령 정보, 세금계산서가 자동으로 2-way 또는 3-way로 매칭되는 구조는 불필요한 승인 지연을 제거하고, 무결성 검증을 통해 중복 청구·사기 청구를 방지할 수 있습니다. 이로 인해 베스트 프랙티스 기업들은 평균적으로 청구서 오류율 57% 감소, 처리 속도 300% 향상, 예산 예측 정확도 향상 등의 실질적 성과를 달성한 것으로 나타났습니다.

또한 이러한 자동화 시스템은 ESG 대응, 감사 투명성, 공급업체 신뢰도 향상 측면에서도 매우 긍정적인 효과를 가져다주며, 디지털 간접구매 환경의 핵심 인프라로 주목받고 있습니다.[16]

최근 글로벌 기업들은 전자구매 시스템을 더욱 강화하기 위해, 프로세스 마이닝(Process Mining) 기술을 적극적으로 활용하고 있습니다. 이 기술은 간접구매 과정의 각 단계를 실시간으로 분석해 병목 현상, 승인 지연, 중복 절차 등의 비효율 요소를 정확히 찾아줍니다. 예를 들어, SAP는 프로세스 마이닝 도구를 활용하여 간접

- 16. Planergy, Why AP Automation? And Why Now?, 2020.

구매의 프로세스 비효율성을 40% 이상 감소시킨 바 있습니다.

또한 디지털 구매 시스템은 B2B 온라인 마켓플레이스와의 통합으로 점점 더 발전하고 있습니다. 맥킨지는 B2B 마켓플레이스를 거래 플랫폼이 아니라 조직의 전략적 역량을 확장하는 수단으로 평가했습니다. 보고서에 따르면, 반복 구매 품목이나 롱테일 지출Long-tail Spend의 경우, 마켓플레이스를 통해 자동화하거나 공급업체 다양성을 확보함으로써 내부 구매 인력을 전략 업무에 재배치할 수 있는 여지가 커진다고 분석합니다.

특히 ERP 및 S2P와 API 연동이 가능한 마켓플레이스는 실시간 가격 비교, 납기 조건, 공급업체 ESG 등급 등을 바탕으로 구매 의사결정을 지원합니다. 이와 같은 통합 구조는 간접구매 업무를 단순화할 뿐만 아니라, 내부 통제와 운영 유연성을 동시에 확보할 수 있는 혁신 모델로 주목받고 있습니다.[17]

2. 블록체인 기술과 ESG

블록체인 기술은 공급망의 투명성뿐만 아니라 ESG 관리에도 적극적으로 활용할 수 있습니다. 블록체인은 공급업체의 윤리적 거래 여부나 친환경 소재 사용 여부 같은 ESG 관련 데이터를 신뢰성 있게 관리할 수 있도록 지원합니다.

---

17. McKinsey, How B2B online marketplaces could transform indirect procurement, 2019.

전자조달 전체 프로세스 도식

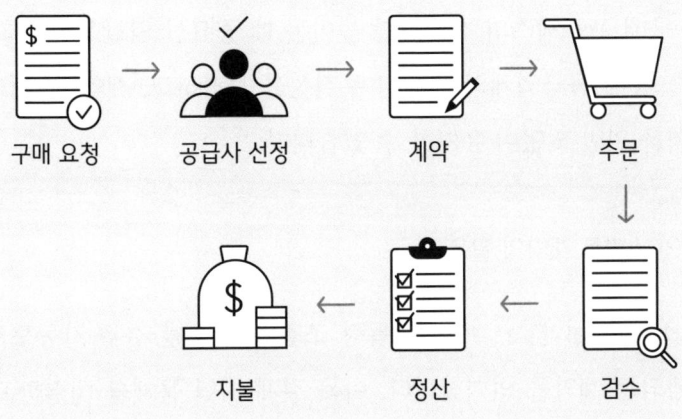

이해관계자와 역할

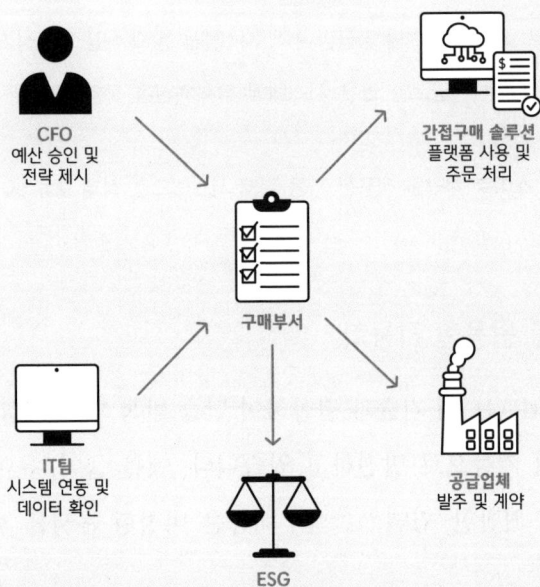

1) 구매 데이터의 신뢰성 확보

블록체인은 데이터 조작을 방지하고 투명성을 확보하는 기술로, 구매 프로세스의 신뢰도를 높이는 데 중요한 역할을 합니다. 이를 통해 공급업체의 데이터 무결성을 보장하고, 계약 및 거래 내역을 위변조 없이 유지할 수 있습니다.

2) 스마트 계약의 활용

스마트 계약Smart Contract은 특정 조건이 충족될 경우 자동으로 실행되는 계약을 의미합니다. 이는 결제 지연 문제를 해결하고, 계약 이행을 실시간으로 추적할 수 있는 장점이 있습니다.

사례: 블록체인을 활용한 구매 혁신

1) 월마트: 블록체인 기반 공급망 추적 시스템을 통해 식품 안전성 50% 향상
2) 머스크Maersk: 글로벌 물류 시스템에 블록체인을 도입해 서류 처리 시간 80% 단축
3) IBM: 스마트 계약을 적용한 자동 결제 시스템으로 결제 오류 90% 감소

3. RPA를 활용한 자동화

최근 RPA는 AI 기술과 결합하여 단순 반복 업무 이상의 지능적 자동화 기능으로 발전하고 있습니다. 예를 들어, 유아이패스UiPath의 AI 기반한 '윙맨Wingman'의 기능은 비정형 문서를 자동으로

읽고 해석하여 구매 요청부터 송장 처리까지의 복잡한 업무도 자동화할 수 있도록 돕습니다. 글로벌 보험회사는 이러한 지능형 자동화를 도입하여 문서 처리 시간을 60% 이상 줄이는 성과를 거두었습니다.

1) 구매 승인 및 송장 처리 자동화

구매 프로세스에서 반복적으로 발생하는 승인 요청과 송장 처리는 많은 시간을 요구합니다. RPA는 이러한 업무를 자동화하여 효율성을 극대화할 수 있습니다.

2) AI와 RPA의 결합

AI와 RPA를 결합하면 공급업체 리스크 분석 및 실시간 대응 시스템을 구축할 수 있으며, 구매 프로세스에서의 인적 오류를 최소화할 수 있습니다.

사례: AI 및 RPA로 구매를 자동화한 기업

1) 브리티시 페트롤리엄 British Petroleum: AI 기반 공급업체 평가 시스템을 통해 리스크 감축
2) 쉘 Shell: RPA 기반 구매 자동화로 프로세스 효율성 30% 증가
3) 지멘스: AI 분석과 RPA를 결합하여 실시간 구매 예측 시스템 구축

사례

아마존, 전자구매 시스템을 활용한 기업

아마존은 AI를 활용하여 실시간 재고 데이터를 분석하고, 자동 발주 시스템을 구축하여 구매 시간 단축 및 비용 절감을 실현했습니다. AI가 예측한 수요 데이터를 기반으로 구매 시점을 결정함으로써 긴급 구매로 인한 추가 비용을 절감하고 있습니다.

디지털 전환은 단순한 기술 혁신이 아니라, 기업의 경쟁력을 높이는 핵심 요소로 작용하고 있습니다. 효과적인 디지털 기술 도입을 통해 기업들은 구매 프로세스를 자동화하고, 실시간 데이터 분석을 활용하여 전략적인 의사결정을 내릴 수 있습니다.

쿠파는 이러한 디지털 전환을 실현하고 있는 대표적인 S2P 플랫폼으로, 전 세계 1만 개 이상의 기업과 1천만 개 이상의 공급업체가 활용하고 있습니다. 쿠파 2024 벤치마크에 따르면[18], Coupa 사용 기업은 평균 사전 승인 지출률 95.0%, 전자 송장 처리율 96.9%, 3-way 매칭 성공률 96.5%, 정책 내 지출률 98%를 달성하며, 전사적 비용 통제 및 리스크 관리에 큰 성과를 보이고 있습니다.

예를 들어, 레드크로스Red Cross는 쿠파를 도입해 공급망 다양성 지출 비율을 4년 연속 상위 수준으로 향상시켰으며[19], 우버는 글로벌 전역의 지출을 단일 플랫폼에서 통합 관리하여 운영 효율성과 ESG 목표 달성을 동시에 실현하고 있습니다[20].

---

18. Coupa. Coupa Benchmark Report. 2024.
19. Coupa. BSM Benchmark Report, 2023.
20. Coupa. The Strategic Platform: Prioritizing All P2P Needs, 2024.

4. AI 데이터 분석과 구매 결정

데이터 분석 기술이 발전하면서 기업의 구매 의사결정 과정에서도 실시간 데이터 활용이 필수로 자리 잡고 있습니다. 특히, 지출 가시성을 확보하고 리스크를 최소화하기 위해 실시간 분석 기술과 AI 기반의 의사결정 지원 시스템이 점점 더 중요해지고 있습니다. 이를 통해 기업은 비용 절감과 운영 효율성을 동시에 확보할 수 있으며, 더욱 정교한 구매 전략을 수립할 수 있습니다.

1) 지출 데이터 실시간 분석

기업의 지출 데이터를 실시간으로 분석해 가시성을 확보하는 것은 효과적인 비용 관리와 투명한 구매 프로세스를 구축하는 데 필수적입니다. 실시간 분석 기술을 활용하면 ERP, 전자세금계산서, 법인카드 등의 데이터를 자동으로 수집하고 분석하여 지출 패턴을 실시간으로 모니터링할 수 있습니다. 이를 통해 기업은 예산 대비 실시간 지출 상황을 정확하게 파악할 수 있으며, 특정 품목이나 부서에서 예상보다 높은 비용이 발생하는 경우 즉각적인 대응이 가능합니다. 또한, 머신러닝 기반의 이상 탐지 모델을 활용하면 비정상적인 비용 증가나 특정 공급업체에 대한 의존도가 지나치게 높은 경우 경고를 제공하여 리스크를 사전에 차단할 수 있습니다.

2) 리스크의 실시간 관리

AI를 활용한 실시간 리스크 관리는 기업이 더욱 안전하고 효율적으로 구매 결정을 내릴 수 있도록 지원합니다. AI는 공급업체의 신용도, 계약 이행률, ESG 점수 등을 분석해 위험도를 평가하고, 기업이 신뢰할 수 있는 공급업체를 선택하도록 도와줍니다. 또한, 반복적인 입찰 참여 패턴이나 계약 불이행과 같은 부정거래 요소를 자동으로 탐지하여 위험을 사전에 경고할 수 있습니다. 이러한 기술을 통해 기업은 객관적인 데이터를 바탕으로 구매 결정을 내릴 수 있으며, 가격 변동성을 예측하는 AI 모델을 활용하면 최적의 구매 시점을 판단해 비용 절감 효과를 극대화할 수 있습니다.

이러한 데이터 분석 및 AI 기반의 의사결정 지원 시스템을 도입함으로써 기업은 구매 프로세스를 더욱 체계적으로 관리할 수 있으며, 비용 절감과 리스크 최소화를 동시에 달성할 수 있습니다. 앞으로의 간접구매 관리에서는 실시간 데이터 분석과 AI 기술의 활용이 더욱 중요해질 것이며, 이를 통해 기업의 경쟁력을 한층 더 강화할 수 있을 것입니다.

최근 데이터 분석 기술은 '설명 가능한 AI(Explainable AI)' 기술과 결합하여 구매 의사결정의 신뢰성을 높이고 있습니다. 이 기술은 AI가 특정 공급업체를 추천한 이유나 특정 품목의 가격 예측 결과를 쉽게 이해할 수 있도록 설명해줍니다. 이를 통해 구매 담당자는 정확하고 신뢰할 수 있는 데이터를 기반으로 의사결정을 내릴 수 있습니다.

디지털 전환을 통한 간접구매 혁신은 기업의 구매 운영 방식을 근본적으로 변화시키고 있습니다. AI, 블록체인, RPA 등의 첨단 기술을 활용하면 기업은 비용 절감, 운영 효율성 향상, 공급망 투명성 강화라는 세 가지 목표를 달성할 수 있습니다.

특히, 쿠파는 디지털 성숙도를 '진단Diagnose－기능 배치Deploy－전략 고도화Elevate'의 3단계로 구분하며, 이 과정에서 중간관리자 역할 정립, KPI 연동, API 기반 구조 설계를 병행하는 것을 주요 실행 전략으로 제시하고 있습니다.

향후에 기업들은 클라우드 기반 구매 플랫폼, AI를 활용한 데이터 분석, 스마트 계약 기반의 자동화 구매 시스템을 더욱 적극적으로 도입할 것으로 예상됩니다. 이러한 혁신이 기업의 경쟁력을 강화하는 핵심 요소가 될 것이며, 지속적인 기술 도입과 프로세스 최적화가 필수적으로 요구될 것입니다.

디지털 전환을 가속화하기 위해서는 기술 도입뿐 아니라 조직의 운영 성숙도를 함께 높이는 것이 중요합니다. 이를 위해 조직의 디지털 성숙도를 '안정 단계Stable'에서 시작해 '미래 대응 단계Future-ready'까지 단계적으로 진단하고 발전시키는 접근이 필요합니다. 이 과정에서 AI, 블록체인, RPA 등 최신 기술을 유기적으로 통합하면, 더욱 전략적이고 효과적으로 간접구매 운영을 구현할 수 있을 것입니다.

구매기업과 공급기업이 Business Network을 활용한 품목별 업체검색 Tool과 구매 플랫폼으로 업체선정/가격결정과 계약을 공정/투명하게 할 수 있게 구성함.

출처: B2B 전용 마켓플레이스 제공

핵심 요약

디지털 전환을 통한 간접구매 프로세스 혁신

01

디지털 전환을 통한 전자구매 시스템 도입은 구매 요청부터 결제까지 프로세스를 최소 40%를 효율화할 수 있습니다. 실제 쿠파, GE, IBM 등의 사례에 따르면, 구매 승인, 지출 요청, 공급업체 평가 등 반복적 프로세스에서 40~70% 수준의 업무 단축 효과가 나타나고 있으며, 청구서 오류율은 최대 57%까지 감소한 것으로 보고되고 있습니다.

02

블록체인 및 스마트 계약 도입 시 구매 데이터의 신뢰성과 투명성을 높여 구매 비용과 계약 리스크를 크게 줄일 수 있습니다.

03

RPA와 AI 결합으로 간접구매의 반복 업무를 최대 70%까지 감소시키고, 인적 오류를 최소화할 수 있습니다.

CEO/CFO에게 제안하는 실행 과제

- 클라우드 기반의 P2P 구축 계획 수립
- 블록체인 기반 스마트 계약 및 전자 송장 시스템 도입 검토
- 간접구매 업무에 RPA 및 AI 자동화 시스템 도입을 위한 시범 프로젝트 추진

> "디지털 전환이 지연되면 구매 비효율성 누적으로 인해 장기적으로 원가가 증가하고 데이터 관리에 실패할 위험이 발생합니다."

구매실무 Tip

✓ 전자조달 시스템을 갖추어야 하는 이유

과거 기업들의 구매 방식은 어땠을까요? 한때 구매 담당자들은 팩스와 종이 문서를 사용해 공급업체에 주문을 요청했습니다. 가격 비교는 전화로 직접 확인해야 했고, 계약서는 수기로 작성됐습니다. 승인과 발주까지 복잡한 단계를 거쳐야 했고, 구매 과정은 시간이 오래 걸리는 일이었습니다. 하지만 디지털 기술의 발전과 함께 전자조달 시스템이 등장하면서 기업의 구매 방식이 혁신적으로 변화했습니다.

◉ **전자조달 시스템이 기업에 가져오는 혁신적인 변화**

① 업무 효율성 증대: 구매 요청부터 승인, 발주까지 자동화되어 프로세스가 단순화되고, 담당자의 업무 부담이 감소합니다.
② 비용 절감 및 최적화: AI 기반 가격 분석과 공급업체 비교를 통해 더욱 합리적인 비용으로 최적의 공급업체를 선택할 수 있습니다.
③ 투명성과 지속가능성 강화: 블록체인 및 전자계약을 활용해 데이터 추적이 가능하며, ESG 경영과 연계된 지속가능한 구매 전략을 구축할 수 있습니다.

SAP 아리바Ariba, 쿠파, 이발루아 등의 글로벌 전자구매 플랫폼은 AI 기반의 데이터 분석, 블록체인 기술을 활용한 공급망 투명성 확보, 자동화된 발주 및 승인 시스템 등을 제공해 기업들이 구매 효율성을 극대화할 수 있도록 지원하고 있습니다.

▶ 결론적으로, 전자조달 시스템은 단순한 자동화 도구가 아니라 기업의 지속가능성, 리스크 관리, 전략적 의사결정을 위한 필수 인프라가 됐습니다.

▶ 여러분의 회사는 아직도 이메일로 주문하시나요? 이제는 디지털 구매 혁신의 시대입니다!

구매실무 Tip

✓ 블록체인 기술은 구매 프로세스에 어떤 영향을 미칠까?

블록체인 기술은 단순한 암호화폐 거래 수단이 아닙니다. 구매 프로세스를 더욱 투명하고 안전하게 만들 수 있는 혁신적인 도구로 주목받고 있습니다.

과거 구매 과정에서 발생했던 가장 큰 문제 중 하나는 거래 데이터를 조작할 수 있고 불투명하다는 점이었습니다. 일부 기업들은 계약 이행을 조작하거나, 공급망 내에서 리스크를 숨기기도 했습니다. 하지만 블록체인은 이러한 문제를 해결할 수 있는 기술적 해결책을 제공합니다.

⦿ 블록체인이 구매에 미치는 영향

① 스마트 계약 도입: 계약 이행을 자동화하여 중개 과정 없이 투명하게 거래를 완료할 수 있습니다
② 변조 불가능한 거래 기록: 모든 거래 내역이 블록체인에 저장되며, 데이터 위변조가 불가능해 부패 및 조작을 방지할 수 있습니다.
③ 실시간 ESG 데이터 검증: 공급업체의 탄소 배출, 노동 기준 준수 여부 등의 ESG 데이터를 실시간으로 추적하고 검증할 수 있습니다.

▶ 기업들은 블록체인을 활용하여 공급망의 투명성을 확보하고, 리스크를 최소화하며, 구매 프로세스를 신뢰할 수 있는 환경으로 전환하고 있습니다.

▶ 블록체인이 구매의 미래를 어떻게 변화시킬까요? 기업들은 지속가능한 공급망을 구축하기 위해 이 기술을 어떻게 활용할 수 있을까요?

구매실무 Tip

✓ QR 코드와 구매 혁신

QR 코드는 정보 저장 기술을 넘어서 구매 프로세스를 혁신하는 핵심 도구로 자리 잡고 있습니다. 기업들은 QR 코드를 활용하여 공급망 관리, 품질 검증, 스마트 계약 등 다양한 구매 프로세스를 개선하고 있습니다.

⊙ QR 코드가 구매에서 어떻게 활용될까?
　① 재고 관리: 물류 창고에서 QR 코드 스캔을 통해 실시간 재고 추적 가능
　② 공급업체 검증: QR 코드를 활용하여 제품 원산지, 제조 이력, 품질 인증 정보 확인
　③ 스마트 계약: 블록체인 기반의 QR 코드를 이용한 투명한 거래 이력 관리

⊙ QR 코드 구매 혁신 사례
　① 제조업: 자동차 부품 회사들이 QR 코드를 활용하여 부품 추적과 품질 검증을 실시간으로 수행
　② 소매업: 대형 유통업체들이 QR 코드를 이용해 공급업체 정보를 소비자에게 직접 제공
　③ 공공조달: 정부 기관이 입찰 과정에서 QR 코드 기반 전자 문서 검증 시스템 도입

▶ QR 코드는 정보 전달을 넘어, 공급망의 투명성을 강화하고 구매 프로세스를 더욱 효율적으로 만드는 핵심 기술로 자리 잡고 있습니다. 기업들은 QR 코드를 활용한 디지털 전환을 적극적으로 추진해야 합니다.

구매실무 Tip

✓ 서플라이 체인 파이낸스 Supply Chain Finance, SCF란?

서플라이 체인 파이낸스 Supply Chain Finance, SCF는 기업이 공급업체와의 결제 조건을 최적화하여 현금흐름을 개선하는 전략입니다. 대기업뿐만 아니라 중소기업도 SCF를 활용하면 더 유리한 금융 조건을 확보할 수 있어, 공급망 전체의 안정성을 높일 수 있습니다.

◉ **SCF의 주요 역할**

① 공급업체의 자금 유동성 개선: 공급업체가 조기에 대금을 지급받을 수 있도록 금융 지원을 제공하여 현금흐름을 원활하게 합니다.
② 기업의 자금 운영 최적화: 구매 기업은 대금 지급 일정을 조절하면서도 신뢰할 수 있는 공급망을 유지할 수 있습니다.
③ 거래 리스크 감소 및 협력 관계 강화: 글로벌 구매에서 대금 지급 리스크를 줄이고, 공급업체와의 장기적 협력 관계를 구축할 수 있습니다.

◉ **SCF를 적극적으로 활용하는 글로벌 기업 사례**

① 아마존: SCF를 활용해 중소 협력업체들이 안정적인 현금흐름을 유지하도록 지원
② 월마트: 공급업체들이 더 나은 금융 조건을 확보할 수 있도록 금융 파트너와 협력
③ 포드: 자동차 부품 공급업체들의 대금 회수를 원활하게 만들어 공급망 안정성 유지

▶ SCF는 기업의 공급망을 더욱 탄탄하게 만들고, 구매 프로세스의 신뢰성을 높이는 중요한 재무 전략입니다.

▶ 여러분의 기업은 SCF를 활용하여 공급업체와의 협력 관계를 강화하고 있나요? 더 안정적인 구매 전략을 구축할 때입니다!

3부

간접구매 혁신의 실행과 미래 전망

AI와 자동화로 재편되는 간접구매, 기업이 지금부터 준비해야 할 것들

디지털 전환으로 간접구매를 자동화해야 한다

간접구매는 기업 운영에 필수적인 요소이지만, 여전히 많은 기업들이 이를 비용 절감 도구로만 바라보고 있습니다. 하지만 글로벌 선도 기업들은 AI, RPA, 블록체인 등의 기술을 활용해 간접구매의 완전한 디지털 전환을 추진하고 있으며, 이제는 사람이 개입하지 않는 '자율 구매'의 시대가 도래하고 있습니다.

이제 기업들은 다음과 같은 중요한 질문을 던져야 합니다.

"우리 회사의 간접구매도 사람이 개입하지 않아도 될 정도로 혁신될 수 있는가?"

"AI와 자동화 시스템을 활용하여 간접구매의 비용을 줄이고 효율성을 높일 준비가 되어 있는가?"

이 질문에 대한 답을 준비하지 못한다면, 경쟁 기업 대비 구매 혁신에서 뒤처질 가능성이 큽니다.

AI가 바꾸는 간접구매

과거에는 간접구매 담당자가 공급업체를 직접 검색하고, 견적을 요청하며, 가격과 품질을 비교해야 했습니다. 하지만 AI가 이 모든 작업을 빠르고 정확하게 수행하며, 비용 절감뿐만 아니라 최적의 의사결정을 지원하고 있습니다.

1) 지출 분석

AI는 기업의 지출 데이터를 분석하여 불필요한 비용 지출을 감지하고, 최적의 구매 전략을 추천합니다. 기존에는 사람이 일일이 검토해야 했던 가격, 품질, 납기 데이터를 AI가 실시간으로 분석하여 공급업체를 자동으로 선정할 수 있습니다.

2) 공급업체 평가

기존에는 공급업체의 신뢰도를 평가하는 데 많은 시간과 리소스가 필요했습니다. 하지만 AI는 공급업체의 과거 성과, ESG 점수, 재무 건전성 등을 종합적으로 분석하여 기업이 신뢰할 수 있는 협력업체를 자동으로 선별할 수 있도록 지원합니다.

3) RPA를 활용한 자동 발주 및 승인 프로세스

RPA를 활용하면 반복적인 구매 업무가 자동화됩니다. 예를 들어, 특정 조건을 만족하는 구매 요청이 들어오면 AI가 자동으로 적절한 공급업체를 선택하고, 발주 및 결제 프로세스를 트리거할 수 있습니다. 그러면 사람이 직접 개입할 필요 없이 구매 프로세스가 자동으로 실행됩니다.

4) 블록체인 기반의 스마트 계약

블록체인을 활용하면 구매 과정의 투명성을 높이고 계약 이행을 자동화할 수 있습니다. 스마트 계약을 도입하면 특정 조건이 충족될 경우 자동으로 계약

이 실행되고, 대금이 지급되는 시스템을 구축할 수 있습니다. 이는 공급업체와의 신뢰도를 높이고, 지연 없는 구매를 가능하게 합니다.

기업이 준비할 것들

AI와 자동화가 간접구매의 미래를 변화시키고 있는 상황에서, 기업들은 다음과 같은 핵심적인 조치를 취해야 합니다.

1) 디지털 구매 시스템을 구축하라

기존의 수작업 중심의 구매 프로세스를 AI 및 자동화 시스템과 연결된 P2P 시스템으로 전환해야 합니다. 이를 통해 구매 요청부터 발주, 승인, 결제까지의 모든 과정이 디지털화되고, 실시간 구매 데이터를 분석할 수 있습니다.

2) 지출 분석 시스템을 도입하라

AI를 활용하면 지출 데이터를 실시간으로 분석하여 비효율적인 구매를 사전에 감지하고 최적의 구매 결정을 내릴 수 있습니다. 기업들은 AI가 제공하는 비용 절감 기회를 적극적으로 활용해야 합니다.

3) RPA와 챗봇을 활용해 구매 업무 자동화를 추진하라

RPA는 단순 반복 업무를 자동화하는 것뿐만 아니라, 구매 승인, 공급업체 평가, 송장 처리, 결제 요청 등의 다양한 업무를 처리할 수 있습니다. 여기에 챗봇을 결합하면, 내부 직원들이 직접 구매팀과 소통하지 않아도 AI가 필요한 정보를 실시간으로 제공할 수 있습니다.

4) ESG 중심의 구매 전략을 수립하라

이제 구매는 비용 절감뿐만이 아니라, ESG 목표와 연계되어야 합니다. 글로벌 기업들은 친환경 제품 구매, 공정무역 공급업체 우선 선정, 탄소 배출 저감 목표 등을 구매 전략에 반영하고 있으며, 한국 기업들도 이에 발맞춰야 합니다.

'사람이 하지 않는 구매'를 준비하는 기업이 살아남는다.

지금은 사람이 모든 것을 처리하는 시대가 아닙니다. AI와 자동화 기술을 활용하면 기업은 더 빠르고 효율적으로 구매 업무를 수행할 수 있으며, 비용 절감과 운영 최적화 효과를 극대화할 수 있습니다.

기업들은 이제 선택의 기로에 서 있습니다. 기존의 수작업 중심 구매 방식을 유지하며 변화에 뒤처질 것인가? 아니면 AI와 자동화를 적극적으로 도입하여 완전한 디지털 구매 체계를 구축할 것인가? 미래는 두 번째 선택을 하는 기업들이 만들어갈 것입니다. '사람이 하지 않는 구매'의 시대는 이미 시작됐습니다. 이제 기업이 해야 할 일은 빠르게 변화를 받아들이고, AI 기반 구매 혁신을 실현하는 것뿐입니다.

간접구매 혁신을 위한
실행 로드맵

기업의 간접구매 프로세스는 오랫동안 디지털 전환이 더딘 영역 중 하나였습니다. 여전히 많은 기업이 수작업으로 구매를 진행하며, 이메일이나 전화로 주문하고 수기로 정산하는 방식이 일반적입니다. 이러한 방식은 비용 절감과 운영 효율성을 저해할 뿐만 아니라, SOD가 부족하여 구매 리스크가 높아지는 문제를 초래합니다.

외주 용역, 사무용품 등에서 Scope 3 배출량의 65% 이상이 발생하는 만큼, 간접구매는 ESG 성과 달성에 중요한 전략적 수단이 될 수 있습니다. 한 제조 기업은 AI를 도입한 후 3개월 만에 수작업 프로세스의 80%를 자동화하고, 정산 오류를 50% 줄이는 성과를 거두었습니다. 반면, 한 중견 기업은 구매자와 승인권자가 동일하여 1,200만 원 규모의 사내 유용 사고가 발생했습니다.

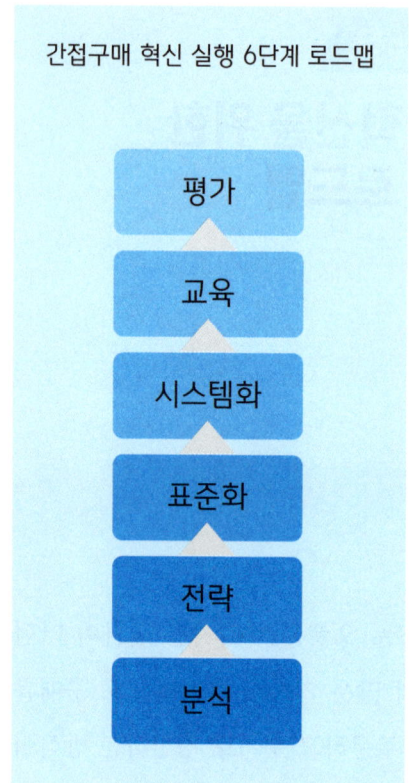

이처럼 디지털화 수준과 내부 통제 체계의 차이가 간접구매의 효율성과 리스크 관리에 큰 영향을 미칩니다. 따라서 전담 조직의 배치와 지출 데이터의 시스템화가 필수적입니다.

간접구매 프로세스의 디지털 전환을 성공적으로 구현하기 위해서는 AI, 클라우드, RPA, 블록체인 등의 기술을 활용한 프로세스 혁신이 필요합니다. 그러나 모든 기업이 자체적으로 구매 시스템을 개발하는 것은 현실적으로 어렵습니다. 이에 따라, 기업들은 간접구매를 전제로 한 솔루션을 검토하고 이를 도입하여 구매 업무를 효율적으로 관리할 수 있도록 준비해야 합니다. 이를 통해 구매 프로세스를 표준화하고, 비용 절감과 운영 최적화를 동시에 달성할 수 있습니다. 이 장에서는 기업이 간접구매 혁신을 실행하기 위한 구체적인 로드맵을 제시하고, 단계별로 고려해야 할 전략과 실행 방안을 설명하고자 합니다.

1. 간접구매 혁신을 위한 목표 설정 및 전략 수립

간접구매 혁신을 실행하기 위해서는 명확한 목표를 설정하고 전략적으로 접근해야 합니다. 기업들은 단계적으로 디지털 전환을 수행하면서 프로세스를 점진적으로 개선해나가야 합니다. 간접구매 혁신 실행을 위한 3단계 전략은 다음과 같습니다.

첫째, 데이터 기반으로 접근합니다. AI 분석을 통해 비용 절감이 가능한 영역을 먼저 파악합니다. 두 번째, 단계적으로 실행합니다. 처음부터 모든 영역을 바꾸기보다 표준화가 쉬운 품목(IT 장비, 사무용품 등)부터 개선하는 것이 효과적입니다. 마지막으로, 조직문화를 변화시켜야 합니다. 구매 담당자가 AI 도구를 활용할 수 있도록 역량 강화 교육을 진행하고, 데이터 기반 의사결정 문화를 정착시켜야 합니다. 이 같은 단계적 접근을 통해 기업들은 간접구매를 체계적으로 혁신할 수 있습니다.

1) AI 활용 및 디지털 전환

기업의 구매 혁신은 기존 프로세스를 자동화하는 것이 아니라 운영 방식을 근본적으로 변화시키는 과정입니다. 이를 위해, 기업은 현재의 간접구매 프로세스가 지닌 문제점을 분석하고 해결하기 위한 목표를 설정해야 합니다. 또한 디지털 기술을 도입하여 자동화와 데이터 기반 의사결정을 강화하고, 지속적인 최적화 과정을 통해 변화에 적응해야 합니다.

구매 혁신을 실행하기 위해서는 첫째로 기업이 기존 구매 프로세스를 분석하고 개선이 필요한 영역을 파악해야 합니다. 이를 통해 주요 개선 목표를 설정하고, KPI를 마련할 수 있습니다. 다음 단계에서는 지출 분석 시스템과 클라우드 기반의 전자구매 시스템을 도입해 데이터 중심의 의사결정 체계를 확립해야 합니다. 이후 자동화된 프로세스를 구축해 RPA를 활용한 승인 및 정산 자동화를 실행하고, 블록체인 기반의 계약 및 결제 시스템을 적용해야 합니다. 마지막으로, AI를 활용한 리스크 분석 및 공급업체 평가를 통해 지속적인 모니터링과 최적화를 수행해야 합니다.

디지털 전환은 단순한 시스템 도입을 넘어서, 조직 전반의 운영 방식과 문화를 변화시키는 전략적 여정입니다. 자이커스는 S2P 영역에서 생성형 AI도입을 위한 체계적인 로드맵을 제시하며, 성공적인 혁신을 위한 핵심 조건으로 다음 네 가지를 강조합니다:

① 데이터 준비 상태 평가
② 기능 매트릭스를 통한 업무 역할 정의
③ 조직 전반의 커뮤니케이션 및 변화 수용 계획 수립
④ 기술 통합 전략의 명확화 [21]

한편, 쿠파는 디지털 성숙도를 '진단–기능 배치–전략 고도화'의 3단계 실행 체계로 구분하고 있으며, 이 과정에서 중간관리자의 역할 정립, KPI 정렬, API 연동 구조 확보를 핵심 관리 프레임

---

21. Zycus, Democratizing Source-to-Pay with Generative AI, 2024.

워크로 제시합니다.[22]

특히 생성형 AI 기반의 실시간 워크플로를 도입한 기업들은 구매 승인, 지출 요청, 공급업체 추천 등 일상적 구매 업무에서 최대 70%의 효율 향상을 달성하고 있으며,[23] 이러한 구조는 조직 내 기술 채택과 변화 수용을 촉진하는 기반이 됩니다.

이처럼 디지털 성숙도 기반 전략은 맥킨지가 제시한 5단계 디지털 전환 프레임워크(기본 수행 단계→디지털 혁신 기관 단계)와도 맥을 같이하며, 한국 기업의 간접구매 조직에도 적용 가능한 통합 프레임워크로 활용할 수 있습니다.

2) 구매 프로세스의 최적화

기업이 지출을 효과적으로 분석하고 최적화해야만 운영 비용을 절감할 수 있습니다. 비용 절감은 단순한 원가 절감이 아니라 전반적인 구매 프로세스의 최적화를 통해 효율성을 극대화하는 과정입니다.

- **간접구매 혁신 성과 평가 및 KPI 도출**

  기업이 간접구매 혁신을 성공적으로 수행하기 위해서는 명확한 성과 평가 체계를 구축해야 합니다. 비용 절감률, 구매 프로세스 자동화율, 공급업체 계약 성공률 등의 KPI를 설정하고 이를 지속적으로 모니터링하여 개선점을 도출해야 합니다. AI를 활용한 실시간 모니터링 시스템을 도입하면 데이터를 분석하고 신속하게 피드백을 제공할 수 있습니다.

---

22. Zycus, The New Age of Procurement: GenAI-Powered Interactive Workflows, 2024.
23. Coupa, Benchmark Report, 2024.

- **비용 절감 전략과 운영 최적화**

    비용 절감은 단기적인 방식이 아니라 지속가능한 방식으로 이루어져야 합니다. 기업은 AI 기반의 분석 툴을 활용하여 지출 패턴을 분석하고, 불필요한 비용 발생 요소를 제거해야 합니다. 또한 공급업체와의 협력 및 협상 전략을 최적화하고, 자동화된 구매 프로세스를 도입하여 반복적인 작업을 줄여야 합니다. 이를 통해 운영 비용을 낮추고 전체적인 효율성을 극대화할 수 있습니다.

기업의 디지털 성숙도는 일반적으로 안정 단계(Stable), 효율 단계(Efficient), 예측 단계(Predictive), 미래 대응 단계(Future-ready)의 4단계로 나뉩니다. 안정 단계에서는 업무의 디지털화와 기본적인 자동화를, 효율 단계에서는 P2P 및 RPA를 활용한 자동화를 진행하며, 예측 단계에서는 AI 기반의 데이터 분석을 통한 의사결정을 구현합니다. 마지막으로 미래 대응 단계에서는 블록체인과 스마트 계약 기술까지 활용하여 공급망 관리 및 ESG를 완벽히 통합한 운영 시스템을 구축합니다. 각 단계별로 명확한 목표와 KPI를 설정하여 단계별로 진척도를 측정하고 관리하는 것이 중요합니다.

2. 조직 구조 최적화 및 내부 역량 강화

구매 혁신을 효과적으로 실행하기 위해서는 기업의 조직 구조를 최적화하고 내부 역량을 강화해야 합니다. 간접구매 혁신이 성공하려면 AI 및 디지털 기술 도입뿐 아니라 이를 활용할 수 있는 인력의 역량 개발이 필수적입니다. 특히, 최신 기술에 대한 직원들의 이해도를 높이기 위해 AI와 디지털 전환 관련 교육 프로그램을 정기적으로 실시하고, 지속적인 학습 문화를 조직 내에

정착시켜야 합니다. 액센츄어의 '유연한 노동력' 모델과 같이 AI가 반복 업무를 처리하고 직원은 전략적 업무에 집중하도록 조직 구조를 유연하게 개편하는 것도 중요합니다.

맥킨지는 M&A를 계기로 간접구매 조직을 전략적으로 재설계한 기업들의 사례를 분석하며, 조직 역량의 성숙도를 다섯 단계로 제시하고 있습니다.

① 기본 수행 단계 Basic Order Taking
② 기능 고도화 단계 Functionally Advanced
③ 통합 전략 단계 Integrated Corporate Focus
④ 전사 개선 주도 단계 End-to-End Continuous Improvement
⑤ 디지털 혁신 기관 Digital Innovation Engine

이 성숙도 모델은 기업이 간접구매 혁신을 추진할 때, 현재 위치와 목표 단계를 명확히 설정하고, 그에 따른 인재·프로세스·IT 인프라 투자 전략을 수립하는 데 유용하게 활용될 수 있습니다. 특히 5단계에 해당하는 조직은 디지털 기술과 AI를 기반으로 지속가능한 혁신 구조를 내재화하고, 구매 부서를 전략 파트너로 격상시킨다는 특징이 있습니다.[24]

---

24. McKinsey. Using M&A to Transform Procurement. 2023.

1) 조직 구조 개편 및 구매 업무 통합

기업이 구매 프로세스를 혁신하기 위해서는 조직 구조를 중앙 집중형으로 개편하고, 구매 업무를 체계적으로 운영할 수 있도록 해야 합니다. 기존에는 개별 부서에서 독립적으로 구매를 진행하는 방식이 많았지만, 중앙 집중화를 통해 구매 업무를 통합하면 운영 효율성을 크게 향상시킬 수 있습니다. 변화 관리 또한 필수적인 요소로, 새로운 프로세스 도입에 대한 내부 저항을 최소화하고 조직 구성원들이 변화에 적응할 수 있도록 해야 합니다.

2) 데이터에 기반한 의사결정 문화

구매 프로세스에서 데이터 분석과 IT 기술을 적극 활용하면 신속하고 정확하게 의사결정을 내릴 수 있습니다. AI 기반의 분석 시스템을 도입하면 지출 데이터를 실시간으로 분석하고 최적의 구매 결정을 내릴 수 있습니다. 또한 직원들에게 디지털 구매 시스템 사용 교육을 제공하여 새로운 시스템을 원활하게 운영할 수 있도록 해야 합니다.

플래너지는 성공적으로 간접구매를 혁신하려면 기술 도입에 앞서 워크플로 자체를 재설계하고, 조직 전반의 업무 프로세스 디지털화를 선행해야 한다고 강조하고 있습니다. 특히 자동화 기술은 기존의 비효율적 흐름에 덧붙이기만 할 것이 아니라, 업무 수행 방식을 근본적으로 혁신할 수 있도록 설계되어야 한다는 점에서 "기술 이전에 프로세스가 준비되어야 한다"는 메시지를 전달하고 있습니다.

또한 AP 자동화, 승인 경로 간소화, 리포팅 자동화 등의 실천 사례를 기반으로, 구매와 회계, 법무 부서 간의 협업을 통해 엔드투엔드 End-to-End 간접구매 체계를 수립해야 한다고 설명합니다. 이와 같은 조직 내 협업 기반 구조는 디지털 도구의 정착률을 높이고, 내부 저항을 줄이며, 데이터 기반의 의사결정 문화를 조성하는 데 핵심적인 역할을 합니다.[25]

3. 성과 측정 및 관리

간접구매 혁신의 성공 여부는 실행을 넘어서, 그 성과를 정량적·정성적으로 평가할 수 있는 체계를 마련하는 데 달려 있습니다. 이는 단기적인 비용 절감 효과뿐 아니라, 장기적으로 조직의 구매 역량이 어떻게 고도화되고 있는지 종합적으로 진단하는 기반이 됩니다. 특히, 간접구매는 품목이 다양하고 거래가 빈번하기 때문에 체계적인 성과 관리 없이는 개선 효과를 명확히 파악하기 어렵습니다. 이를 위해 기업은 비용 절감율, 프로세스 자동화율, 계약 성사율, 공급망 리스크 대응 시간, 사용자 만족도 등 KPI를 설정하고, 전략 방향에 맞춰 탄력적으로 관리해야 합니다. 이러한 지표는 서로 연관되어 있으므로 우선순위를 정하고 상호 영향을 분석하는 작업도 병행되어야 하며, 분기 또는 프로젝트 단위로 조정 가능한 유연한 관리가 필요합니다. 성과를 실

---

25. Planergy, Procurement Automation Benefits - Whitepaper, 2024.

간접구매 혁신 후 변화

구매방식	BEFORE	AFTER
	수작업	전산화

승인률	BEFORE	AFTER
	60%	95%

공급업체수	BEFORE	AFTER
	150개 이상	50개 내외

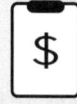

비용절감률	BEFORE	AFTER
	5% 미만	15%~20%

질적으로 관리하기 위해서는 AI 기반의 실시간 모니터링 시스템이 효과적입니다. AI 도구는 방대한 지출 데이터를 분석해 이상 징후를 조기에 포착하고, 피드백과 개선 조치를 빠르게 실행할 수 있도록 지원합니다.

과거 실적에 머무르지 않고, 예측 분석 기능을 통해 미래 전략 수립에도 기여할 수 있습니다. 결국, 성과 측정과 관리는 평가 기능을 넘어 간접구매 혁신을 지속적으로 추진하는 핵심 동력으로 기능해야 합니다.

4. 혁신 과정의 커뮤니케이션 전략

디지털 혁신 과정에서는 조직 구성원들의 수용성을 높이기 위해 커뮤니케이션이 매우 중요합니다. 기업은 간접구매 혁신 목표와 기대 효과를 투명하게 공유하고, 혁신 과정 중 발생 가능한 어려움과 해결 방안을 지속적으로 소통해야 합니다. 정기적인 워크숍, Q&A 세션, 뉴스레터 등을 활용하여 내부 직원들이 혁신 과정에 적극적으로 참여하고 변화의 필요성에 공감할 수 있도록 해야 합니다.

1) 구성원의 교육 및 지원

기업이 구매 혁신을 추진할 때 내부 구성원들의 협력이 필수적입니다. 변화에 대한 이해도를 높이고 새로운 시스템이 조직 전체에 원활하게 도입될 수 있도록, 충분한 교육과 지원을 제공해야 합니다.

2) 외부 협력체와의 커뮤니케이션

효과적인 혁신을 위해서는 명확한 커뮤니케이션 전략이 필요합니다. 기업은 내부 구성원뿐만 아니라 공급업체 및 협력업체와도 긴밀하게 협력 관계를 유지해야 합니다. 이를 위해 혁신 목표와 기대 효과를 명확히 전달하고, 변화 과정에서의 주요 이슈를 지속적으로 공유해야 합니다.

간접구매 혁신은 기업의 비용 절감과 운영 효율성 증대를 위한 필수적인 과정입니다. AI 및 디지털 기술을 활용해 프로세스를 자동화하고, 비용 절감과 구매 프로세스 최적화를 추진할 때 지속가능한 성장을 달성할 수 있습니다. 기업은 간접구매 솔루션 도입을 검토하고 이를 기반으로 프로세스를 표준화하여 구매 혁신을 가속화해야 합니다. 앞으로 기업들은 글로벌 시장에서 경쟁력을 강화하고 지속가능한 경영 전략을 실현하기 위해 디지털 전환을 적극적으로 추진해야 합니다.

간접구매 혁신을 위한 로드맵은 기술적 혁신뿐 아니라, 조직의 역량과 문화 변화, 명확한 성과 관리 체계를 함께 고려할 때 성공적으로 이루어집니다. 단계별로 명확히 설정된 목표와 이를 뒷받침할 조직적 준비가 없다면, 혁신은 일회성 개선에 그칠 수 있습니다. 따라서 기업의 최고경영진과 CFO는 간접구매 혁신을 추진하는 과정에 직접 참여하여 목표와 방향을 명확히 하고, 장기적인 시각으로 혁신의 성과를 관리할 필요가 있습니다.

핵심 요약

간접구매 혁신을 위한 로드맵

01

간접구매 혁신은 비용 절감뿐만이 아니라 ESG 경영과 디지털 전환을 달성하기 위한 기업 전략의 핵심 과제입니다.

02

AI 기반 지출 분석과 디지털 구매 프로세스 도입을 통해 연간 구매 비용을 최소 20% 절감할 수 있습니다.

03

성공적인 간접구매 혁신을 위해서는 조직의 변화 관리와 내부 구성원의 역량 강화가 반드시 병행돼야 합니다.

CEO/CFO에게 제안하는 실행 과제

- 명확한 간접구매 혁신 목표 설정 및 단계적 로드맵 구축
- 간접구매 혁신을 전담할 조직 구조와 책임 명확화
- 직원 대상 디지털 구매 역량 교육 및 변화 관리 프로그램 추진

"체계적 로드맵 없이 혁신을 추진하면 내부 혼선과 비효율로 인해 혁신이 실패하고, 막대한 기회비용이 발생할 위험이 높습니다."

간접구매 영역의 비용 절감 도구

간접구매 품목(예)		비용 절감 도구	절감 가능 기회
전문 서비스	· 전문 컨설팅 용역 · 직원 교육	· 공급 기반 합리화 · 계약 준수 관리	10~15%
시설 관리 서비스	· 세탁 서비스, 보안 서비스 · 케이터링 서비스	· 공급 기반 합리화 · 계약 준수 관리 · SLA 구축 및 KPI 측정 · 기존 계약 대비 재협상	5~10%
IT 서비스		· 지출 통합 · 통합에 따른 할인 검토 · 기존 계약 대비 재협상	5~20%
마케팅 서비스 & 광고		· SLA 구축 및 KPI 측정 · 계약 관리 및 준수 사항 개선	10~15%
유틸리티	· 전기 · 수도	· 운영 효율화 · 에너지 절약 대책, 저비용/대체재 요구	5~10%
기타	· 출장 · 오피스 스테이션	· 공급 기반 합리화 · 저비용 소싱처 발굴 · 통합에 따른 할인 검토 · 계약 준수 관리 · 제품&서비스 표준화	15~20%

간접구매 혁신의 궁극적인 아웃풋 이미지(예시)

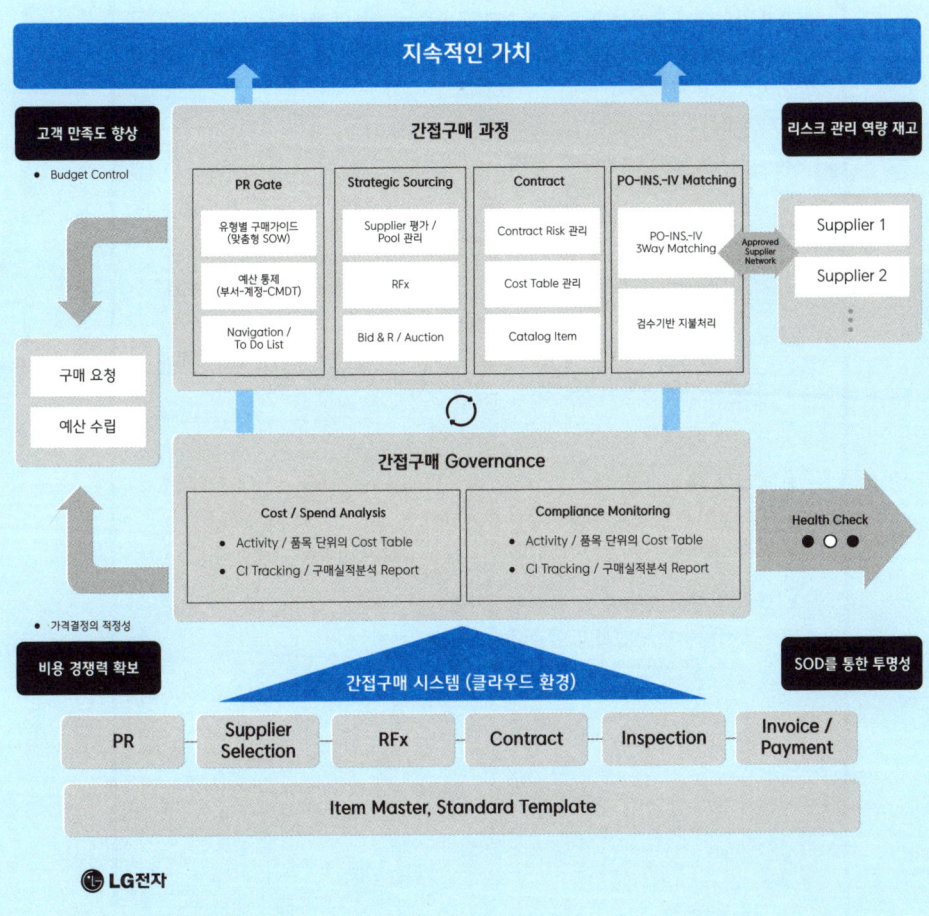

*Source: LG Electronics 2010

구매실무 Tip

✓ 구매가 기업의 핵심 전략이 된 시기는?

과거 기업에게 구매는 필요한 물건을 조달하는 기능일 뿐이었습니다. 하지만 1980년대부터 기업들은 구매를 조달을 넘어서, 비즈니스 성장과 비용 절감의 핵심 전략 요소로 보기 시작했습니다.

◉ **과거의 구매 vs 현재의 구매**

① 1950년대 이전: 생산을 위한 원자재와 부품을 확보하는 것이 주요 목표. 구매는 공급망 관리의 일부일 뿐이었음.
② 1980년대: '월드클래스 구매WCP' 개념 등장→공급업체 협력 강화, 품질 관리 및 원가 절감이 핵심 이슈
③ 2000년대 이후: 글로벌 소싱 확대, 지속가능성, AI 기반 예측 구매 등 데이터 중심의 전략적 의사결정 강화

▶ 현대의 구매 담당자는 단순히 물건 조달자가 아닙니다. 기업의 지속가능성과 수익성을 결정하는 핵심적인 전략가로, 공급업체의 ESG 리스크를 평가 및 관리하고, AI 및 빅데이터 분석을 활용하여 예측을 구매합니다.

▶ 과거의 구매 담당자가 가격 협상가였다면, 이제는 데이터 분석가이자 리스크 매니저로 변신하고 있습니다!

구매실무 Tip

✓ 구매 담당자의 역할은 앞으로 어떻게 변할까?

과거의 구매 담당자, 현재의 구매 담당자, 그 역할은 어떻게 다를까요? 구매 환경이 빠르게 변화하면서, 구매 담당자의 역할도 단순한 비용 절감에서 벗어나 전략적인 영역으로 확장되고 있습니다.

- **구매 담당자의 역할 변화**
  ① 과거(1980년대 이전): 발주 및 가격 협상 담당, 주어진 예산 내에서 물품을 구매하는 기능 중심
  ② 현재(2000년대 이후): 공급망 최적화, ESG 구매 관리, 지속가능한 구매 전략 수립이 중요해짐
  ③ 미래(2030년대 이후): AI 기반의 구매 의사결정, 빅데이터 분석을 활용한 구매 최적화, 공급망 리스크 예측 및 대응

▶ 앞으로 구매 담당자는 AI와 협력하여 더욱 정교하게 구매 전략을 수립하는 데이터 기반 전문가로 발전할 것입니다.

▶ 기업의 구매 담당자는 비용 절감자를 넘어서, 지속가능한 공급망을 설계하고 리스크를 관리하는 전략적 역할을 수행할 것입니다. 여러분의 기업은 이러한 변화에 대비하고 있나요?

구매실무 Tip

✓ 구매 담당자의 협상력은 어떻게 키울 수 있을까?

구매 협상은 그저 가격 흥정이 아닙니다. 효과적인 협상 기술이 기업의 비용 절감과 품질 확보에 직접적인 영향을 줍니다. 협상력은 전략적 사고와 데이터를 기반으로 강화할 수 있습니다.

◉ **성공적인 구매 협상을 위한 원칙**

① 데이터 기반 협상: 시장 가격, 공급업체 성과, 경쟁사 데이터를 분석하여 합리적인 협상 전략을 수립합니다
② 윈-윈 전략: 단순히 가격을 낮추기보다는, 공급업체와 장기적인 협력을 고려해 합리적인 가격과 조건을 협상합니다.
③ 대체 공급업체 확보: 특정 업체에 의존하지 않고 다양한 공급업체를 평가하여 경쟁 환경을 조성하고 협상에서 우위를 점합니다.

▶ 협상력은 단순한 기술이 아니며, 데이터 분석, 심리적 전략, 장기적인 관계 관리 등을 통해 지속적으로 강화할 수 있습니다.

▶ 강력한 협상력을 가진 구매 담당자는 기업의 수익성을 높이고, 안정적인 공급망을 구축하는 핵심 인재가 됩니다. 여러분의 기업은 효과적인 협상 전략을 갖추고 있나요?

구매실무 Tip

✓ 간접구매 혁신은 왜 어려울까?

많은 기업이 간접구매 혁신의 필요성에는 공감하지만, 막상 실행 단계에서 반복적으로 실패하며 실질적 변화가 따르지 않습니다. 그 이유는 시스템 때문만이 아닙니다. 구매 문화와 조직 인식의 벽이 더 큽니다.

⦿ **실행이 어려운 5가지 이유**

① 관행 중심 문화
"원래 이렇게 해왔어요." 부서 요청자 중심, 전화·이메일 발주 등 사람에 의존하는 방식이 여전히 강합니다.

② 데이터 부족
ERP 지출 데이터는 비표준화되어 분석이 어렵고, 무엇을 바꿔야 할지 파악하기도 힘듭니다.

③ ROI 불확실성
단가가 낮고 품목이 분산돼 있어 성과가 눈에 잘 띄지 않고, 경영진을 설득하기가 어렵습니다.

④ 책임 불명확
구매, 총무, IT, 재무 등 관련 부서는 많은데 추진 주체가 분명하지 않아 실행이 지연됩니다.

⑤ 우선순위에서 밀림
'중요하지만 급하지 않다'는 이유로 다른 업무에 밀려 항상 뒷전이 됩니다.

▶ 간접구매 혁신의 시작은 시스템이 아니라, 사람과 조직문화를 바꾸는 것입니다. 여러분의 조직은 준비되어 있나요?

7장
간접구매 혁신의 분야별 성공 사례

　간접구매 혁신은 이론적 개념을 넘어서, 실제로 기업들이 도입하여 실질적인 성과를 거두고 있는 구체적인 실행 방안입니다. 글로벌 및 국내 기업들이 AI, ESG, 디지털 혁신을 활용해 간접구매를 개선한 구체적인 사례를 심층적으로 분석함으로써 기업들이 간접구매 혁신을 실행하는 데 필요한 핵심 요소를 이해하고, 성공적인 전략을 수립할 수 있도록 돕고자 합니다.

　이 장에서는 제조업, 서비스업, 공공 부문, 중소기업 등 다양한 산업 분야에서 간접구매 혁신을 성공적으로 적용한 사례를 집중적으로 살펴보겠습니다. 각각의 사례는 기술적 혁신, 운영 최적화, 지속가능성 강화라는 세 가지 핵심 요소를 중심으로 분석하며, 기업들이 실질적으로 참고할 수 있도록 주요 교훈과 시사점을 제공합니다.

1. 제조업

1) 폭스바겐: AI 기반의 공급망 최적화

폭스바겐은 AI 및 머신러닝을 활용하여 공급업체의 성과를 평가하고, 최적의 구매 결정을 내리는 프로세스를 구축했습니다. 기존의 공급망 관리 방식에서는 과거 데이터를 기반으로 리스크를 평가하는 방식이 주를 이루었지만, 폭스바겐은 실시간 데이터를 활용한 예측 분석을 통해 품질 문제를 사전에 감지하고 신속하게 대체 공급업체를 확보할 수 있도록 했습니다.

특히, AI 기반의 예측 분석을 통해 생산 지연을 방지하고 구매 비용을 절감하는 데 성공했습니다. 이는 비용만 줄이는 것이 아니라, 생산 공정에서 발생할 수 있는 리스크를 최소화함으로써 전반적인 운영 효율성을 향상시키는 효과를 가져왔습니다.

또한 폭스바겐은 블록체인 기술을 활용하여 구매 프로세스의 투명성을 높이고, 공급업체 간 거래 데이터를 실시간으로 공유할 수 있도록 했습니다. 이를 통해 계약 조건 준수 여부를 자동으로 모니터링하고, 비정상적인 거래를 조기에 감지할 수 있도록 했습니다.

2) 지멘스: 블록체인과 스마트 계약을 활용한 구매 시스템

지멘스는 블록체인을 활용하여 구매 프로세스의 투명성을 강화하고, 스마트 계약을 통해 자동 결제를 구현했습니다. 기존의 구매 프로세스에서는 계약 체결 및 결제까지 수주일이 걸리는 경우가 많았지만, 블록체인을 적용한 후 결제 소요 기간이 60% 단축됐습니다.

이와 함께, RPA를 적용하여 반복적인 구매 업무를 자동화하고, 구매 담당자의 업무 부담을 줄이는 데 성공했습니다. 이를 통해 직원들은 더욱 전략적으로 의사결정에 집중할 수 있게 됐으며, 전반적으로 운영 효율성이 개선됐습니다.

맥킨지는 제조업체들이 간접비용 절감을 위해 엔지니어링, 유지보수, 품질 부문을 핵심 타깃으로 삼고 있으며, 이 영역의 디지털 전환이 단기간에 10~15% 이상의 비용 절감을 이끌어낸다고 분석했습니다.

전통적인 제조 기업들은 운영 프로세스 자동화보다 간접 영역에서의 기능 단순화, 리소스 재배치, 협력 구조 최적화를 통해 전략적 성과를 도출하고 있으며, 이를 '간접비용 절감의 숨겨진 기회 hidden value'라고 표현합니다.

이러한 인사이트는 AI 기반 공급망 분석과 결합될 때 더욱 큰 시너지를 발휘하며, 간접비용을 지출을 넘어서 혁신 투자의 기회 영역으로 인식하는 전환점을 마련해주고 있습니다.[26]

에어버스는 쿠파의 AI 기반 S2P 플랫폼을 도입해 전체 간접구매 비용의 25%를 절감하고, 지출 통제율 97%, 전자 송장 처리율 99%를 달성한 것으로 보고됐습니다.[27] 특히 실시간 예산 초과 경보, 공급업체 등급 관리, ESG 지표 추적 기능을 통해 구매 효율성

---

26. McKinsey, Operations Indirect manufacturing costs: An overlooked source for clear savings, 2023.
27. Coupa, BSM Benchmark Report, 2023.

과 전략적 의사결정 능력을 동시에 확보했습니다.

한편 자이커스는 글로벌 식음료 제조업체에서 지출 분석을 도입해 1년 내 14%의 비용 절감 효과를 달성했으며, 주요 카테고리의 수요를 정규화하고 계약 단가 재협상을 유도했습니다.[28]

2. 서비스업

1) 아마존: 자동화된 전자구매 시스템 구축

아마존은 AI 기반의 전자구매 시스템을 구축하여 간접구매 프로세스를 자동화했습니다. 이를 통해 직원들이 필요로 하는 사무용품, IT 장비, 기타 소모품을 최적의 가격과 납기 조건으로 신속하게 구매할 수 있도록 했습니다.

아마존의 AI 시스템은 주문 내역과 재고 상태를 실시간으로 분석하여 최적의 공급업체를 자동으로 추천하는 기능을 제공하며, 이를 통해 구매 비용을 30% 이상 절감하는 성과를 거두었습니다. 또한, 머신러닝을 활용하여 지출 패턴을 분석하고, 불필요한 구매를 사전에 차단하는 기능도 도입했습니다.

2) 마이크로소프트: ESG 중심의 지속가능한 구매 전략

마이크로소프트는 ESG를 고려한 간접구매 정책을 수립하여, 친환경 및 윤리적 공급업체와의 협력을 강화했습니다. 특히, 공급업체의 탄소 배출량을 분석하여 탄소 배출이 적은 공급업체를

---

28. Zycus, Spend Analysis Soulution eBrochure, 2019.

우선적으로 선정하는 정책을 시행하고 있으며, 이를 통해 Scope 3 배출 저감 목표를 달성하고 있습니다.

또한, 재생 가능 에너지를 활용한 제조업체와 협력하여 간접구매 수행 과정에서도 ESG 요소를 적극적으로 반영하고 있으며, 이를 통해 장기적인 비용 절감 효과와 기업의 지속가능성 목표를 동시에 달성하고 있습니다.

3. 공공 부문

1) 영국 정부 G-Cloud: 디지털 공공조달 플랫폼

영국 정부는 공공조달 혁신을 위해 G-Cloud 시스템을 도입하여 간접구매의 효율성을 극대화했습니다.

- 클라우드 기반 공공조달 시스템을 통해 계약 절차 간소화
- 데이터 분석을 활용하여 최적의 공급업체 자동 추천
- 공공조달 시장에서 투명성과 접근성을 향상

G-Cloud 시스템은 현재 영국 내 수많은 공공기관이 활용하고 있으며, 정부 공공조달의 표준 모델로 자리 잡았습니다

2) 미국 국방부: AI 기반 공급망 리스크 관리

미국 국방부 DoD 는 AI 기반 구매 자동화 시스템을 활용하여 방위 산업의 간접구매를 효율적으로 관리하고 있습니다.

- AI 및 RPA를 활용하여 구매 승인 절차 자동화
- 머신러닝 기반의 비용 분석 시스템으로 예산 초과 방지
- 국방 관련 공급망 리스크를 AI로 예측하여 구매 안정성 확보

4. 중소기업

1) 바스웨어Basware: 중소기업을 위한 자동화 구매 솔루션

바스웨어는 중소기업을 위한 자동화 구매 솔루션을 제공하는 글로벌 기업으로, 다음과 같은 특징을 가지고 있습니다.

- 클라우드 기반의 구매 및 인보이스 자동화 시스템 제공
- AI 기반의 공급업체 신용 평가 시스템으로 구매 리스크 최소화
- 중소기업이 쉽게 도입할 수 있는 비용 효율적인 솔루션 제공

바스웨어는 중소기업들이 구매 자동화를 통해 비용 절감과 운영 효율성을 확보할 수 있도록 돕고 있습니다

2) 캐스팅엔: 한국의 간접구매 혁신 사례

한국의 캐스팅엔은 기업들을 위한 간접구매 플랫폼을 개발하여, 기존의 복잡한 구매 절차를 디지털화하고 있습니다. 이를 통해 기업들이 투명하고 효율적인 구매 프로세스를 운영할 수 있도록 돕고 있으며, 공급업체 선정, 지출 분석, 계약 관리 등의 기능을 통합적으로 제공하고 있습니다. 이를 통해 중소기업들이 더 효율적으로 구매를 수행할 수 있도록 지원합니다.

쿠파의 벤치마크 보고서에 따르면, 디지털 플랫폼을 조기에 도입한 중소기업들은 첫해에 평균 18%의 비용 절감, 처리 속도 300% 향상, 송장 오류율 57% 감소라는 성과를 기록한 바 있습니다.[29] 이러한 수치는 간접구매 플랫폼이 자동화 도구를 넘어, 재무 통제력과 ESG 대응 역량을 동시에 강화하는 전략 자산임을 시사합니다.

간접구매 혁신은 비용 절감을 넘어, 기업의 지속가능성과 경쟁력을 결정짓는 핵심 요소로 자리 잡고 있습니다. AI 및 디지털 기술을 적극적으로 활용하고, ESG를 고려한 구매 정책을 시행하며, 공급업체와의 협력을 강화하는 것이 성공적인 혁신의 핵심입니다.

특히, 성공적인 간접구매 혁신을 위해서는 다음과 같은 요소가 필수적으로 고려되어야 합니다.

- AI 및 데이터 기반 의사결정 강화
- 공급망 리스크 관리 체계 구축
- ESG 중심의 지속가능한 구매 정책 수립
- 블록체인 및 스마트 컨트랙트 활용

이제 기업들은 간접구매를 비용 절감 도구가 아닌, 지속가능한 성장을 위한 전략적 요소로 인식하고 적극적으로 혁신을 추진해야 할 것입니다.

지금까지 다양한 글로벌 기업들의 간접구매 혁신 사례를 살펴보았습니다. 사례를 통해 확인할 수 있듯이, 간접구매 혁신은

---

29. Coupa, BSM Benchmark Report, 2023.

단지 현재의 효율성을 개선하는 데 그치지 않고, 미래의 불확실성에 적극적으로 대응하는 전략적 선택이 됐습니다. 특히 생성형 AI와 같은 최신 AI 기술은 간접구매 프로세스를 더욱 지능적으로 자동화하여, 앞으로 기업의 구매 업무가 더욱 효율적이고 신속하게 진화할 가능성을 보여줍니다.

또한, ESG 중심의 간접구매는 기업이 사회적 책임과 지속가능성 목표를 달성하는 데 매우 중요한 요소가 되고 있습니다. 앞으로는 ESG 규제가 더욱 엄격해질 것이며, 이에 따라 기업들은 공급업체의 ESG 데이터를 체계적으로 관리하고, 블록체인과 같은 기술을 활용하여 투명성을 높일 필요가 있습니다.

나아가 글로벌 공급망 불확실성이 커져가는 환경에서, AI 기반의 리스크 관리 기술을 통해 간접구매 영역에서도 공급망의 리스크를 선제적으로 관리하는 능력을 갖추는 것이 더욱 중요해지고 있습니다.

마지막으로, 정부의 적극적인 디지털 전환 지원 정책을 활용하고, 민관 협력 모델을 통해 간접구매 혁신을 촉진할 수 있도록 전략을 수립하는 것도 앞으로 기업들이 주목해야 할 중요한 방향입니다.

앞으로 기업의 CEO와 CFO는 글로벌 간접구매 혁신 사례를 통해 얻은 교훈을 바탕으로, 최신 기술과 ESG를 융합한 간접구매 전략을 수립하고, 조직의 디지털 역량과 공급망 관리 능력을 체계적으로 발전시켜야 합니다. 이러한 선제적 혁신이 장기적으로 기업의 경쟁력을 좌우할 것입니다.

산업별 간접구매 혁신

MANUFACTURING

- ✓ 지출 분석 및 원가 절감
- ✓ 반복 주문 자동화
- ✓ 견적~정산 통합

ENERGY / CHEMICALS

- ✓ 환경·안정 기준 정량화
- ✓ 위험물 품목 자동 승인
- ✓ 공급사 위험도 관리 플랫폼

CONSTRUCTION

- ✓ 현장 중심 품목별 구매 분석
- ✓ 계약서 생성 / 변경 자동화
- ✓ 하도급업체 윤리성·안전성 평가

RETAIL / SERVICES

- ✓ 수요 예측
- ✓ 물류 / 구매 연계
- ✓ 협력 업체 ESG 인증

ENERGY / CHEMICALS

- ✓ 결재 / 계약 자동화
- ✓ 감사 대응용 정합성 확보

IT / FINANCE

- ✓ 공급사 지속가능성 정량 평가
- ✓ 표준 계약 생성 자동화
- ✓ SaaS 기반 구매 시스템

간접구매 솔루션의 6대 기능

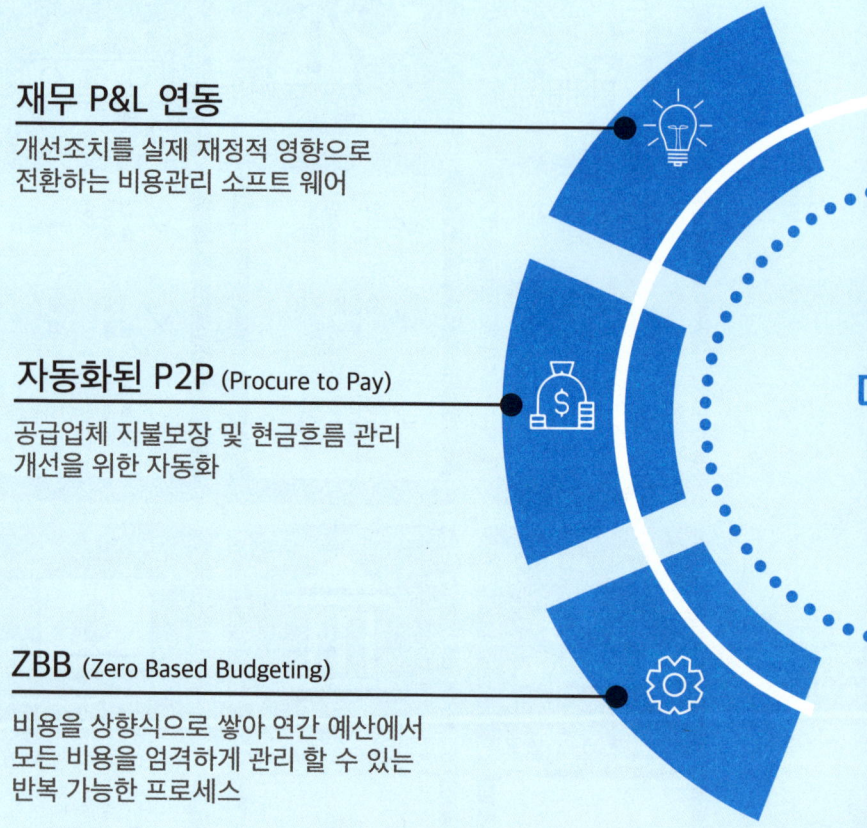

재무 P&L 연동
개선조치를 실제 재정적 영향으로 전환하는 비용관리 소프트 웨어

자동화된 P2P (Procure to Pay)
공급업체 지불보장 및 현금흐름 관리 개선을 위한 자동화

ZBB (Zero Based Budgeting)
비용을 상향식으로 쌓아 연간 예산에서 모든 비용을 엄격하게 관리 할 수 있는 반복 가능한 프로세스

카테고리 관리의 우수성 – 전통적 요소

지능형 지출 엔진

자동화된 엔진을 통해
지출을 분류하는 디지털 도구

고급 분석 솔루션

목표설정도구(스마트 워크 플로우,
클린시트, 카테고리 분석 등)를 통한
비용절감 및 프로세스 최적화 기회 파악

원활한 B2B 주문

비즈니스 서비스 제공 업체와의
파트너쉽 및 자동 보충 기능을 사용하여
비용을 절감하고 서비스 수준을 향상

가치 포착 모범 사례(클린시트, 전자 견적서, 업체 선정 및 평가)
변경 관리를 통한 간접구매 지출 최적화

핵심 요약

간접구매 혁신의 분야별 성공 사례

01

글로벌 제조 기업들은 AI와 자동화 도입을 통해 간접구매 비용을 평균 20~30% 절감하고 구매 효율성을 최대 40% 개선했습니다.

02

서비스업과 공공 부문 역시 디지털 전환과 ESG 목표 달성을 위해 간접구매 혁신을 적극 추진하고 있습니다.

03

성공 사례의 핵심은 AI 기반 데이터 분석과 공급망 투명성을 높이는 기술적 접근뿐 아니라 ESG와 같은 전략적 목표와의 긴밀한 연계입니다.

CEO/CFO에게 제안하는 실행 과제

- 성공 사례를 바탕으로 한 간접구매 혁신 모델 도입 검토
- 기업의 특성에 맞는 AI 및 ESG 중심 간접구매 혁신 전략 수립
- 구매 시스템과 ESG 경영 성과를 정기적으로 모니터링할 수 있는 KPI 마련

"글로벌 간접구매 혁신 사례를 벤치마킹하지 않으면 경쟁 기업에 비해 간접비용 구조가 악화돼 수익성이 저하할 위험이 큽니다."

구매실무 Tip

✓ '가장 저렴하게'가 아닌 '가장 가치 있게'

한때 기업들은 가장 저렴한 가격으로 제품을 구매하는 것이 최우선 목표였습니다. 하지만 지금은 가격만이 아니라 '총소유 비용(Total Cost of Ownership, TCO)'을 고려하는 전략이 중요해지고 있습니다.

- ⊙ 왜 최저가 구매가 위험할까?

    ① 숨겨진 비용 문제: 초기 구매 가격이 낮더라도 운영비, 유지보수비, 폐기 비용이 높아지면 장기적으로 더 많은 비용이 발생할 수 있습니다.
    ② 품질 저하의 위험: 저가 제품은 종종 품질 문제가 발생하며, 이는 생산성 저하 및 고객 신뢰도 하락으로 이어질 수 있습니다.
    ③ ESG 리스크: 공급업체가 ESG 기준을 준수하지 않을 경우, 기업의 지속가능성 전략에 악영향을 미칠 수 있습니다.

▶ 기업들은 이제 '가장 저렴한 가격'이 아니라 '가장 가치 있는 구매'를 선택하는 방향으로 바뀌고 있습니다.

▶ TCO 개념을 적용하면 초기 비용뿐만 아니라, 제품의 전체 수명 주기 동안 발생하는 모든 비용을 고려할 수 있습니다. 따라서 전략적 구매란 가격 절감을 넘어서, 장기적으로 기업의 경쟁력을 강화하는 투자로 자리 잡고 있습니다.

구매실무 Tip

✓ JIT(적기 생산, Just-in-Time)는 정말 완벽한 구매 전략일까?

도요타는 1970년대에 생산성과 비용 절감을 극대화하기 위해 JIT 시스템을 개발했습니다. 이 방식은 불필요한 재고를 최소화하면서도 필요한 부품을 적시에 조달하는 공급망 전략입니다. 하지만 이 혁신적인 시스템이 글로벌 리스크에 취약하다는 사실이 최근 부각되고 있습니다.

◉ **JIT의 핵심 원칙**

① 필요한 부품을 필요한 순간에만 공급하여 재고 비용을 최소화합니다.
② 공급업체와 긴밀한 협력을 통해 빠른 납품과 생산 최적화를 이루어냅니다.
③ 불필요한 재고를 줄여 운영 효율성을 극대화하고, 낭비를 최소화합니다.

⚠ 그러나 JIT 시스템은 글로벌 공급망 위기에서 큰 한계를 드러냈습니다.

◉ **2020년 이후의 변화**

① 코로나19 팬데믹으로 인해 글로벌 공급망 붕괴→반도체, 자동차 부품 부족 사태 발생
② 기업들이 JIT에서 'Just-in-Case(JIC)' 전략으로 전환→리스크를 줄이기 위해 필수 재고를 더 확보하는 방식
③ 예상치 못한 공급망 충격에 대비하지 못한 기업들은 생산 차질을 겪으며 심각한 피해를 입음

▶ JIT는 강력한 비용 절감 도구이지만, 글로벌 리스크 대응을 위해 JIC와 병행하는 전략이 필요합니다.

▶ 그렇다면 앞으로의 구매 전략은 어떻게 변화할까요? 기업들은 JIT의 효율성과 JIC의 안정성을 어떻게 조화롭게 결합할 수 있을까요?

구매실무 Tip

✓ 중소기업과 대기업의 구매 전략

대기업과 중소기업은 같은 구매 방식을 사용할까요? 정답은 '아니오'입니다. 기업 규모에 따라 구매 전략은 다르게 설계되며, 각각의 장점과 차별화된 전략이 필요합니다.

⦿ **대기업의 구매 전략**

① 대량 구매를 통한 구매력 활용: 대량 주문을 통해 공급업체와의 협상력을 극대화해 단가를 절감합니다.
② 장기 계약을 통한 가격 안정성 확보: 장기간 안정적인 공급을 보장받으며, 공급망 리스크를 줄일 수 있습니다
③ 글로벌 소싱 및 공급망 다변화 전략: 여러 지역에서 구매해서 특정 국가나 공급업체에 대한 의존도를 낮추고 리스크를 분산합니다.

⦿ **중소기업의 구매 전략**

① 공동 구매로 단가 절감: 여러 중소기업이 협력하여 공동으로 구매를 진행하면 대량 구매 효과를 누릴 수 있습니다.
② 빠른 의사결정과 유연성을 활용한 차별화 전략: 변화하는 시장 상황에 맞춰 신속하게 구매 결정을 내릴 수 있습니다.
③ 특정 공급업체와 긴밀히 협업해 신뢰를 기반으로 구매: 장기적인 파트너십을 형성해 품질과 납기를 안정적으로 관리할 수 있습니다.

▶ 중소기업은 규모가 작지만, 빠른 의사결정과 협력 모델을 통해 경쟁력을 높일 수 있습니다.

▶ 대기업과 중소기업은 각각의 강점을 활용해 구매 전략을 최적화해야 합니다. 여러분의 기업은 어떤 구매 전략을 사용하고 있나요?

8장
간접구매의 미래

　디지털 혁신과 AI 기술의 발전에 따라 간접구매의 역할과 방식은 빠르게 변화하고 있습니다. RPA와 AI 기반 자동화 솔루션이 구매 업무를 대체하면서, 기업들은 전략적인 구매 의사결정과 효율적인 비용 절감을 추구할 것입니다.

　중소기업과 중견 기업의 경우에는 간접구매 솔루션을 활용하여 업무를 효율화하고 비용 절감을 실현할 것이며, 대기업은 자체 구매 역량을 강화하고 AI를 적극 도입하여 구매 자동화를 확대할 것으로 예상됩니다. 또한, 간접구매 솔루션업체들은 전용몰을 운영하면서 스폿 구매(비정기적 구매)에 최적화된 서비스를 제공하고, 챗봇과 AI 기반 가이드 시스템을 활용하여 구매 편의성을 극대화하는 방향으로 발전할 것입니다.

　한편, 현재의 간접구매 공급사들은 개별적으로 운영되는 경우가 많고 규모가 작아 역량 검증에도 상당한 시간이 소요됩니다. 그러나 간접구매 솔루션이 활성화되면서 공급사들의 규모가 커지고, 규모의 경제를 활용한 IT 역량과 투자 여력을 확보할 수 있을 것입니다. 이에 따라 경쟁력 있는 공급업체들이 등장하고, 때로는 간접구매 솔루션 업체가 직접 공급망을 구축하거나 주요 공급사들이 대형화되면서 구매 물량이 통합되는 시대로 변화할 것입니다.

이러한 변화를 촉진하기 위해서는 간접구매의 표준화가 필수적입니다. 표준화가 이루어지면, 기업들은 더욱 효율적으로 구매 프로세스를 운영할 수 있으며, 공급사들의 역량도 객관적으로 평가될 수 있습니다. 결과적으로, 간접구매의 디지털 전환이 더욱 가속화되면서 구매 시장의 구조 자체가 변화하고, 더 체계적이고 투명한 생태계가 구축될 것입니다.

1. ESG와 AI

1) 지속가능한 구매를 위한 AI 기술

AI는 구매 자동화를 넘어 지속가능한 구매 전략을 실현하는데 중요한 역할을 하게 될 것입니다. 기업들은 AI를 활용하여 환경 친화적인 공급업체를 선별하고, ESG 데이터를 실시간으로 분석해 최적의 구매 결정을 내릴 수 있습니다.

- AI 기반의 공급업체 스코어링 시스템이 도입되면서, ESG 성과를 실시간으로 평가하고 지속가능성이 높은 업체를 자동으로 추천하는 방식이 확대될 것입니다.

- AI 기반 수요 예측 및 최적 구매 시점 분석을 통해, 친환경적이면서도 비용 효율적인 구매가 가능해질 것입니다.

예를 들어, 생성형 AI 기반의 실시간 워크플로를 통해 구매 요청, 승인, 공급업체 추천 프로세스를 자동화하고 있으며, 일부 고객사는 이러한 시스템을 도입한 후 평균 70%의 업무 효율 향상을 경험했습니다.[30] 특히 반복적 구매 요청이나 ESG 기준 자동 반영 등은 자율 구매 체계를 향한 실질적 전환 사례로 평가받고 있습니다.

2) ESG에 기반한 자동화 구매 시스템

AI와 빅데이터를 활용한 ESG 기반 구매 시스템은 기업들이 지속가능성을 고려한 구매를 실행하는 데 필수적인 요소가 되고 있습니다.

- ESG 점수를 반영한 자동 구매 의사결정 시스템이 도입되면서, 일정 기준 이상의 ESG 성과를 기록한 공급업체만 자동으로 선정되는 구조가 자리 잡을 것입니다.
- 탄소 배출량과 지속가능성 데이터를 실시간으로 분석하여, 저탄소 제품을 우선적으로 구매하도록 유도하는 기능이 강화될 것입니다.

자이커스는 ESG 중심의 공급업체 평가 시스템을 통해, 실시간 스코어링 기반 자동구매 의사결정을 구현하고 있으며, 이로 인해 고객사들은 ESG 기준 미달 공급업체 거래 비중을 평균

---

30. Zycus, The New Age of Procurement: GenAI-Powered Interactive Workflows, 2024.

30% 이상 감축하는 성과를 달성했습니다.[31]

2. 디지털 기술과 간접구매 프로세스

AI뿐만 아니라 블록체인, IoT, 클라우드 등의 기술도 간접구매 프로세스를 혁신하는 핵심 요소가 될 것입니다.

- 블록체인 기반의 스마트 계약을 활용하여, 계약 이행 여부를 실시간으로 검증하고 구매 프로세스의 투명성을 극대화할 것입니다.
- IoT를 활용한 실시간 재고 및 구매 관리를 통해, 재고 센서가 자동으로 부족한 품목을 감지하고 구매 요청을 생성하는 방식이 정착될 것입니다.
- 클라우드 기반의 구매 플랫폼을 통해, 공급업체와 구매 데이터가 실시간으로 공유되고 협업이 강화될 것입니다.

3. 글로벌 트렌드

1) 글로벌 B2B 마켓플레이스의 확대

B2B 마켓플레이스는 간접구매 시장을 더욱 확장시키며, 글로벌 공급망의 투명성과 효율성을 높이는 역할을 할 것입니다.

- 아마존 비즈니스, 알리바바 B2B 플랫폼과 같은 글로벌 마켓플레이스는 AI 기반 가격 비교 및 자동 견적 시스템을 통해 구매 프로세스의 효율성을 극대화할 것입니다.
- B2B 마켓플레이스를 통한 글로벌 소싱 최적화가 이루어지면서, 기업들은 더욱 다양한 공급업체를 실시간으로 평가하고 선택할 수 있게 될 것입니다.

---

31. Zycus, Democratizing Source-to-Pay with Generative AI, 2024.

맥킨지는 B2B 마켓플레이스가 단순히 가격 비교 수단이 아니라, 조직의 전략적 구매 역량을 확장하는 플랫폼으로 진화하고 있다고 평가합니다. 특히, 반복 구매의 자동화, 긴급 구매의 유연한 대응, API 기반 실시간 견적 시스템 등의 기능이 기업의 공급망 리스크를 최소화하는 데 크게 기여하고 있다고 분석했습니다.[32]

2) API에 기반한 구매 프로세스 통합

기업들은 API 기반의 구매 프로세스 통합을 통해, 구매 시스템과 ERP, 회계 시스템, 공급망 관리 시스템을 연계해 자동화된 구매 환경을 구축할 것입니다.

- AI 기반의 실시간 가격 예측 API를 활용하여, 최적의 구매 타이밍을 자동으로 추천하는 기능이 강화될 것입니다.
- API를 활용한 실시간 주문 및 결제 시스템이 활성화되면서, 구매 속도와 편의성이 극대화될 것입니다.

맥킨지는 B2B 온라인 마켓플레이스와 API 기반 플랫폼이 간접구매의 미래를 결정짓는 핵심 요소라고 강조했습니다. 보고서에 따르면, API를 통해 구매 시스템과 ERP, 공급망 관리 시스템 간의 실시간 연계가 가능해지면서, 반복 구매 및 긴급 구매의 자동화 수준이 획기적으로 향상되고 있다고 분석했습니다.

특히 이와 같은 기술은 '자율 구매'로의 전환을 가속화하며, 사용자의 구매 의도와 조건을 파악한 후 자동으로 공급업체를 제

---

32. McKinsey, How B2B online marketplaces could transform indirect procurement, 2019

안하고 구매 절차를 완료하는 단계까지 진화하고 있습니다.

이러한 변화는 간접구매를 비용 절감의 영역을 넘어서, 전략적 통합과 혁신의 플랫폼으로 격상시키는 기반이 될 것입니다.

4. 간접구매 역량 개발에 필요한 교육 및 학습

1) AI 및 데이터 분석 교육

미래의 구매 조직은 단순히 계약을 관리하는 것에서 벗어나, AI 및 데이터 분석을 기반으로 한 전략적 구매 결정 역량을 갖추어야 합니다.

- AI 및 머신러닝을 활용한 지출 분석 교육이 확대되면서, 데이터를 활용한 최적의 구매 전략 수립 역량이 중요해질 것입니다.
- 데이터 기반 협상 전략 및 의사결정 훈련이 도입되면서, 공급업체와의 협상 과정에서 AI 분석 결과를 활용하는 방식이 확산될 것입니다.

2) 구매 전문가를 위한 실무 교육

미래의 구매 전문가는 AI, 데이터 분석, ESG 경영을 기반으로 한 전략적 사고를 갖춰야 합니다.

- AI 및 블록체인 기술을 활용한 실무 교육 과정이 강화되면서, 실시간 데이터 분석을 통한 과학적 구매 의사결정이 가능해질 것입니다.
- ESG 기반 구매 전략 교육이 확대되면서, 기업의 지속가능성과 윤리적 경영을 고려한 구매 의사결정이 강조될 것입니다.

간접구매는 비용 절감의 개념을 넘어서, AI와 디지털 혁신을 활용한 자동화, 글로벌 마켓플레이스와의 연계, ESG 중심의 지속가능성 확보를 위한 전략적 영역으로 발전할 것입니다. 간접구매 솔루션업체들은 전용몰을 운영하며, AI 기반 챗봇을 활용한 구매 가이드 서비스를 강화할 것입니다. 또한, 간접구매의 표준화가 진행되면서 공급업체들의 규모가 커지고 IT 역량 및 투자 여력이 증가하며 더 경쟁력 있는 시장 환경이 조성될 것입니다.

이제 기업들은 지속가능한 혁신과 디지털 전환을 통해 새로운 시장 기회를 창출하고, 글로벌 경쟁력을 강화할 수 있도록 적극적으로 변화에 대응해야 합니다.

향후에 간접구매는 디지털 표준화와 자동화를 통해 구매 프로세스 전반이 더욱 신속하고 정확하게 발전할 것입니다. 이에 따라 기업들은 간접구매 전담 조직을 마련하고, 디지털 기술과 AI 활용 역량을 지속적으로 강화하여 장기적으로 경쟁 우위를 확보해야 합니다. 또한, 정부의 디지털 전환 지원 정책과 연계하여 기업들이 간접구매 혁신을 더욱 적극적으로 추진할 수 있는 환경을 조성하는 것도 중요한 전략적 과제가 될 것입니다.

이러한 조건을 충족하는 솔루션으로, 간접구매 전문 플랫폼은 간접구매의 전 과정을 체계화하고 ESG, AI, 디지털 혁신 요소를 통합적으로 구현함으로써 기업의 지속가능한 구매 혁신을 실현하는 데 실질적인 해답을 제시합니다. 앞으로 간접구매 혁신의 미래는 이러한 통합 플랫폼을 중심으로 전개될 것이며, 그러한 기업이 그 중심에 설 것입니다.

구매 전문가 역량 개발 로드맵

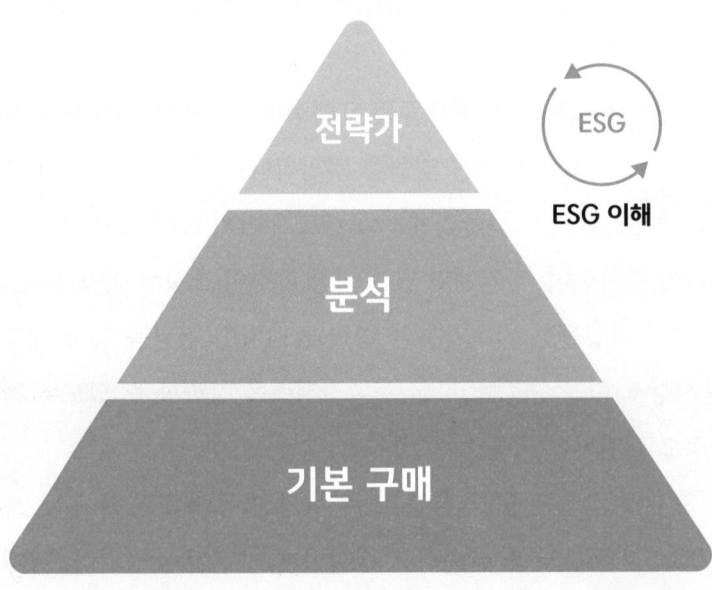

간접구매 기술 트렌드 타임라인

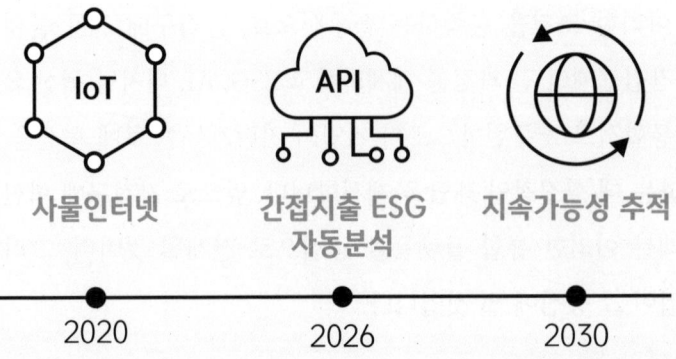

핵심 요약

간접구매의 미래

01
AI와 ESG 중심의 간접구매 혁신은 앞으로 기업의 지속가능한 경쟁력을 결정짓는 필수적 요소가 됩니다.

02
향후 간접구매는 블록체인, 클라우드 기반 플랫폼, B2B 마켓플레이스를 중심으로 빠르게 발전할 것입니다.

03
글로벌 ESG 규제와 소비자의 요구에 대비해 선제적으로 간접구매 혁신을 하지 않으면, 중장기적으로 기업 가치 하락과 경쟁력 상실 위험에 직면할 수 있습니다.

CEO/CFO에게 제안하는 실행 과제

- 미래형 간접구매 전략 수립을 위한 전담팀 구성 및 전문가 자문 확보
- 블록체인, AI, 클라우드 기반 기술 도입을 위한 로드맵 구축
- 디지털 혁신을 반영한 간접구매 프로세스의 정기적 업그레이드 및 평가 체계 구축

> "미래형 간접구매 혁신에 대한 대응이 늦어질수록 글로벌 시장에서의 경쟁력을 잃고 시장점유율이 급락할 위험이 높아집니다."

구매실무 Tip

✓ **코로나19 이후 글로벌 공급망 위기가 기업 구매 방식에 미친 영향**

코로나19 팬데믹은 글로벌 공급망에 큰 변화를 가져왔습니다. 기업들은 예측할 수 없는 공급망 충격에 대응하기 위해 구매 전략을 전면 재검토해야 했습니다.

◉ **팬데믹 이후 기업들의 구매 변화**

① 지역화Localization 전략 확대: 글로벌 공급망의 불안정성을 줄이기 위해 현지 공급업체와의 협력을 강화하고, 생산 시설을 주요 시장에 더 가깝게 배치하는 전략이 확산되고 있습니다.
② 리스크 기반 구매Risk-Based Procurement 및 멀티 소싱Multi-Sourcing 도입 증가: 한 국가나 특정 지역의 공급업체에 의존하는 대신, 여러 지역에서 구매할 수 있도록 다변화하여 리스크를 분산하는 방식이 확대됐습니다
③ 디지털 구매 시스템과 실시간 데이터 모니터링 강화: AI 및 빅데이터 기반 구매 시스템을 도입하여 공급망의 변동성을 예측하고, 실시간으로 문제를 해결할 수 있는 체계를 구축하는 기업이 증가하고 있습니다.

▶ 이제 기업들은 비용 절감만을 목표로 하는 것이 아니라, 공급망 안정성과 리스크 관리를 핵심 구매 전략으로 삼고 있습니다..

▶미래의 구매 전략은 무엇보다도 유연성과 지속가능성을 기반으로 해야 합니다. 기업들이 글로벌 위기 속에서 어떻게 살아남고, 성장할 수 있을까요?

구매실무 Tip

✓ 미래의 구매 시스템을 위해 기업이 준비할 것

미래의 구매 시스템은 AI, 블록체인, ESG 중심으로 재편되고 있습니다. 비용 절감만이 아니라, 지속가능성과 투명성을 확보하는 것이 핵심 목표가 되고 있습니다.

- **기업들이 준비해야 할 주요 변화**

    ① AI 기반 자동화 구매 시스템 도입: AI를 활용해 실시간 가격 비교, 공급업체 평가, 계약 최적화 등 구매 프로세스를 자동화하여 효율성을 극대화합니다.
    ② 블록체인을 활용한 공급망 투명성 강화: 블록체인 기술을 적용하여 거래 데이터를 위변조 없이 기록하고, 공급망 내 투명성을 높여 리스크를 최소화합니다.
    ③ 지속가능한 구매 정책 및 탄소 배출 관리 시스템 구축: ESG 기준을 반영한 친환경 구매 전략을 도입하고, 탄소 배출량을 실시간으로 추적할 수 있는 시스템을 구축합니다.

▶ 기업들은 구매 최적화를 넘어서, 디지털 트랜스포메이션과 ESG 중심 구매 전략을 필수적으로 준비해야 합니다.

▶ 미래의 구매 시스템은 효율성뿐만 아니라, 윤리적이고 지속가능한 방식으로 변화해야 합니다. 여러분의 기업은 AI와 ESG 구매 혁신을 준비하고 있나요?

부록 1 | 지출 분석 데이터와 ESG

1. 간접구매 데이터와 ESG 경영

기업이 ESG 경영을 본격적으로 추진하면서 Scope 3 배출량 관리의 중요성이 더욱 커지고 있습니다. 특히 Scope 3에서 간접구매와 관련한 탄소 배출량은 전체 기업 탄소 배출량의 약 70~90%를 차지할 정도로 큰 비중을 차지하고 있습니다. 간접구매는 사무용품, IT 장비, 시설 관리 서비스뿐만 아니라 물류·포장 및 출장·여행 등의 기업 운영의 모든 영역에 걸쳐 발생합니다. 특히 최근 물류 및 포장 부문은 ESG 경영에서 중요성이 커지고 있으며, 출장·여행 역시 탄소 배출 관리가 필요한 영역으로 인식되고 있습니다.

그러나 현실적으로 많은 기업이 간접구매 지출 데이터를 제대로 분석하지 못하고 있으며, 이로 인해 정확한 ESG 공시나 배출량 관리가 미흡한 상황입니다. 따라서 간접구매 지출 분석 데이터를 활용하여 간접구매 품목의 탄소 배출량을 산정할 수 있는 체계를 구축하는 것이 매우 중요한 과제가 되고 있습니다.

2. 지출 분석 데이터와 탄소 배출량 산정

기업이 간접구매 데이터를 제대로 활용하기 위해서는 우선 각 부서에 흩어져 있는 지출 데이터를 통합하고 분석하는 것이 필수입니다. 최근 AI 기반의 지출 분석 솔루션이 발전하면서 기업들은 다양한 간접구매 항목을 품목별, 공급사별로 정확하게 분석하고 관리할 수 있습니다. 이러한 지출 분석을 통해 각 품목과 서비스의 정확한 구매량 및 지출금액이 산정되면, 이를 탄소 배출량 산정의 기초 데이터로 활용할 수 있습니다.

3. 탄소 배출량 산정 방법

탄소 배출량 산정에는 크게 세 가지 주요 접근법이 존재합니다.

(1) 지출 기반 Spend-based 접근법

가장 간단하고 빠른 방법으로, 품목별 지출 금액에 해당 산업군별 평균 탄소 배출계수를 곱하여 탄소 배출량을 간접적으로 산정하는 방식입니다.

- 국제 기관 및 표준: GHG 프로토콜 Greenhouse Gas Protocol, CDP Carbon Disclosure Project
- 한국 기관 및 표준: 온실가스종합정보센터 GIR 의 배출계수, 한국환경산업기술원 KEITI 의 탄소발자국

(2) 활동 기반 Activity-based 접근법

구매한 제품이나 서비스의 실제 사용량 또는 활동량(예: 출장 이동 거리, 배송 무게 등)에 탄소 배출계수를 적용하여 정확한 배출량을 산정하는 방식입니다.

- 국제 기관 및 표준: EPA 미국 환경보호청, DEFRA 영국 환경부, IPCC 가이드라인
- 한국 기관 및 표준: 한국환경공단 KECO 배출량 산정 방식, K-ESG 평가 기준

(3) 하이브리드 Hybrid 접근법

지출 기반 접근법과 활동 기반 접근법의 장점을 결합하여 활용하는 방식으로, 최근 기업들이 가장 선호하는 접근법입니다. 예를 들어, IT 장비는 구매 수량(활동 기반)을 활용하고 컨설팅 등 서비스 부문은 지출 기반으로 계산하는 식입니다.

- 적용 국제 기관 및 표준: GHG 프로토콜, CDP, IPCC, ISO 14064 국제 표준
- 적용 한국 기관 및 표준: 한국기업지배구조원 KCGS ESG 평가 지표, 한국환경산업기술원 KEITI 환경성적표지

기업들은 위의 방법을 적용하여 간접구매 품목의 특성에 따라 탄소 배출량을 효과적으로 산정할 수 있습니다.

4. 탄소 배출량 산정 기준

간접구매 중 물류, 포장, 출장·여행 등은 ESG 경영에서 특히 중요성이 증가하는 분야입니다.

품목	배출량 산정 기준	국제 표준	한국 기관
물류·운송	운송 거리(km)×운송 수단별 배출계수(kg CO_2e/km) 적용	GHG 프로토콜, EPA, DEFRA	온실가스종합정보센터 GIR 배출원단위
포장재용	사용된 포장재의 중량(kg)×포장재 종류별 배출계수(kg CO_2e/kg)	EPA, DEFRA	한국환경산업기술원 KEITI 탄소 발자국
출장·여행	출장 거리(km)×이동 수단별(항공기, 철도, 자동차 등) 배출계수(kg CO_2e/km)	ICAO 국제민간항공기구, EPA, DEFRA	한국환경공단 KECO

이와 같은 품목별 접근법을 통해 간접구매 영역에서 발생하는 탄소 배출량을 정확히 파악할 수 있으며, ESG 평가 대응력 향상 및 정확한 보고서 공시가 가능해집니다.

5. 간접구매 데이터에 기반한 탄소 배출량 산정

간접구매 데이터 기반 탄소 배출량 산정은 ESG 평가 대응과 공시의 정확도를 크게 높이는 동시에, 기업의 지속가능한 경영 경쟁력을 강화합니다. 특히 글로벌 ESG 평가 기관과 투자자들의 Scope 3 배출량 관리 요구가 증가함에 따라, 이러한 데이터 기반 접근법은 더 이상 선택이 아니라 필수적 전략으로 자리 잡고 있습니다.

기업이 체계적인 지출 분석을 통해 얻은 데이터를 바탕으로 저탄소 구매 전략을 수립하고, 탄소 배출을 최소화할 수 있는 공급업체 선정 및 관리 기준을 설정할 수 있습니다. 이는 장기적으로 기업의 지속가능한 성장과 경쟁력 제고에 크게 기여할 수 있습니다.

6. 기업의 대응 전략

지출 분석 기반의 탄소 배출량 산정을 정착시키기 위해 기업은 다음과 같은 단계적 접근을 추진해야 합니다.

- 단계적 데이터 관리 체계 구축(AI 기반 분석 솔루션 도입, ERP 데이터 통합 등)
- 지출 분석 데이터를 활용한 품목별 탄소 배출량 산정 프로세스 구축
- 국내·국제 표준 및 기관(GHG 프로토콜, CDP, IPCC, EPA, DEFRA, GIR, KEITI 등)의 배출계수 활용 기준 마련
- 공급사 협력 네트워크를 통한 데이터 공유 및 지속가능한 구매 정책 수립

간접구매 혁신은 이제 기업의 ESG 전략에서 필수적인 부분입니다. AI와 데이터 기반의 간접구매 지출 분석이 ESG 공시와 연계되면, 기업의 지속가능성 관리에 실질적으로 기여할 것입니다. 앞으로 기업들이 이러한 방향성을 명확히 인식하고, 적극적인 변화를 통해 ESG 목표를 효율적으로 달성하기를 바랍니다.

부록 2 Scope 3 배출량 감축을 위한 체크리스트

"간접구매 혁신 없이는 Scope 3 감축도 불가능하다!"

Scope 3 배출량 감축은 ESG 목표인데, 올바른 간접구매 전략을 수립하면 비용 절감과 탄소 감축 효과를 동시에 얻을 수 있습니다. 다음의 10가지 핵심 실행 체크리스트를 따라가면 Scope 3 감축과 기업의 지속가능성을 동시에 달성할 수 있습니다.

1. Scope 3 배출량 파악하기

- ERP 및 지출 분석 데이터를 분석해서 Scope 3에서 탄소 배출이 많은 구매 품목을 파악한다.
- 사무용품, IT 장비, 출장, 물류, 시설 관리 등 간접구매 품목에서 배출량을 측정한다.
- 데이터 없이는 감축도 없다! 배출량을 추적할 수 있는 시스템을 구축하라.

Scope 3 배출량을 줄이려면 내부뿐만 아니라 공급망까지의 분석이 필수입니다.

2. 협력사와 함께 감축하기

- 주요 협력사에 배출량 데이터를 요청하고, ESG 평가를 통해 감축 목표를 설정한다.
- 평가 시 ESG 데이터를 제공하면, 계약 시 평가 기준을 반영한다.
- "우리와 거래하려면 탄소 감축 노력이 필요합니다"라는 메시지를 명확히 전달하라.

탄소 배출 데이터를 수집하지 않으면 감축 목표를 설정할 수 없으며, 기업의 ESG 평가에서 신뢰를 잃을 수 있습니다.

3. ESG 기준을 공급업체 평가에 반영하기

- 가격뿐만 아니라 탄소 배출량을 기준으로 공급업체를 평가하는 프로세스를 도입한다.
- 공급업체가 ESG 기준을 준수할 수 있도록 가이드라인을 제공하고 모니터링한다.
- ESG 점수가 낮거나, 감축 노력이 없는 업체와의 계약을 점진적으로 줄인다.

탄소 배출이 낮은 공급업체가 더 많은 계약 기회를 얻게끔 선제적 대응이 필요합니다.

4. 친환경 제품과 서비스 도입하기

- FSC 인증 종이, 저탄소 IT 장비, 친환경 포장 등 배출량이 적은 제품을 우선 구매한다.

- 기존에 사용하던 고탄소 제품을 단계적으로 친환경 제품으로 대체한다.
- 기업 내부에서도 재생 용지, 재활용 가능한 사무용품 사용을 확대한다.

탄소 배출이 높은 제품을 계속 사용하면 정부 규제 및 글로벌 기업과의 거래에서 불이익을 받을 가능성이 큽니다.

5. 저탄소 물류 및 운송 최적화

- AI 기반의 물류 최적화를 통해 운송 경로를 최적화하고, 철도·전기트럭 등 친환경 운송 수단을 확대한다.
- 불필요한 운송을 줄이기 위해 지역 공급업체 활용을 늘린다.
- 탄소 중립 물류 파트너(DHL GoGreen, Maersk Net Zero Shipping 등)와 협력한다.

물류 최적화는 비용 절감과 탄소 감축을 동시에 실현할 수 있는 가장 강력한 방법 중 하나입니다.

6. 사무실에서 탄소 배출량 감축하기

- 전자 문서 및 전자 계약 도입을 통해 종이 사용을 최소화한다.
- 재생에너지 활용 비율을 높인다.
- 사무실 내 스마트 조명, 고효율 냉난방 시스템을 도입해 에너지를 절감한다.

사무실 내 탄소 감축은 곧 운영비 절감과 직결된다. 재생에너지 사용 비율이 높을수록 ESG 평가도 개선됩니다.

7. 출장 줄이기

- 출장 횟수를 줄이고, 온라인 화상회의를 활성화한다.
- 친환경 교통수단(전기차, 고속철도 등)을 우선적으로 활용한다.
- 출장으로 발생한 탄소 배출량을 상쇄하기 위해 탄소 배출권을 구매하거나 숲 조성 프로젝트에 참여한다.

출장비 절감이 곧 탄소 감축입니다. 절감+리스크 최소화라는 두 마리 토끼를 잡으세요.

8. 협력사와 함께 탄소 감축 목표 설정하기

- 공급업체와 공동으로 Scope 3 감축 목표를 설정하고, 감축 노력이 부족한 업체와의 계약을 조정한다.

- 협력업체들이 탄소 감축 목표를 설정하도록 ESG 교육 및 인센티브를 제공한다.
- 탄소 감축 노력이 미진한 업체와의 계약을 점진적으로 축소한다.

💡 공급망 전체의 탄소 감축이 이루어져야 기업의 Scope 3 감축 목표가 달성됩니다.

9. 실시간 모니터링 시스템 구축하기

- AI 및 IoT 기반 시스템을 활용하여 실시간으로 탄소 배출을 추적한다.
- 블록체인 기술을 도입해 탄소 배출 데이터의 신뢰성을 확보한다.
- ESG KPI와 연계하여 경영진 보고 시스템을 구축한다.

탄소 배출 실시간 모니터링은 ESG 관리일 뿐 아니라, 기업 운영 효율성을 높이는 도구가 될 수 있습니다.

10. ESG 보고서로 경쟁력 강화하기

- CDP, TCFD 등의 국제 표준에 맞춰 ESG 데이터를 투명하게 공개한다.
- 투자자와 고객이 신뢰할 수 있는 탄소 감축 로드맵을 수립한다.
- ESG 보고서를 단순히 규제 대응이 아니라 경쟁력 강화 도구로 활용한다.

투자자들은 이제 기업 수익성뿐만 아니라 탄소 감축 계획을 보고 투자 결정을 내립니다.

결론: 간접구매 혁신이 곧 Scope 3 감축이다!

- ☑ 탄소 감축이 곧 비용 절감이다.
- ☑ ESG는 선택이 아니라 기업 생존 전략이다.
- ☑ Scope 3 감축=간접구매 혁신의 핵심 미션이다.

간접구매를 혁신하는 것이 곧 ESG 리더십을 확보하는 길입니다. 지금부터 실천할 차례입니다!

부록 3 | 탄소 배출을 줄이는 구매 전략

기업들은 탄소 발자국을 줄이기 위한 구매 전략을 적극적으로 도입하고 있습니다. 구매 과정에서의 친환경 정책은 기업의 지속가능성과 사회적 책임을 강화하는 중요한 요소가 되고 있습니다.

탄소 배출 저감을 위한 구매 방식

1) 공급업체의 탄소 배출량 실시간 모니터링

ESG 기준에 맞춘 데이터 추적 시스템을 활용하여 공급업체의 탄소 배출량을 평가하고, 지속적으로 개선할 수 있도록 유도합니다. 기업에서는 이러한 데이터를 바탕으로 탄소 배출량이 낮은 공급업체를 우선적으로 선정하여 탄소 배출을 줄이는 효과를 극대화하고 있습니다.

2) 재생 가능 에너지를 사용하는 제조업체와 우선 계약 체결

태양광, 풍력 등 친환경 에너지를 활용하는 제조업체와의 계약을 통해, 제품 생산 단계에서부터 배출량을 줄이는 전략을 실현하고 있습니다. 이는 공급망 전체의 탄소 발자국을 줄이는 데 중요한 역할을 합니다.

3) AI 기반의 탄소 감축 최적화 시스템 적용

AI 기술을 활용하여 물류 경로를 최적화함으로써, 불필요한 운송을 줄이고 에너지 낭비를 최소화하여 탄소 배출을 감축합니다. 이러한 시스템은 단순한 모니터링을 넘어, 실제 운영 효율과 비용 절감까지 연결되는 전략입니다.

4) 실시간 탄소 모니터링 시스템 도입

공급업체의 탄소 배출량을 정량적·지속적으로 추적하여 데이터를 분석하고, 공급망의 지속가능성을 정기적으로 평가하는 기반이 됩니다. 이를 통해 환경 영향을 수치화하고, 기업의 책임 있는 구매를 실현할 수 있습니다.

GEP, 이발루아 등의 글로벌 구매 플랫폼은 ESG 데이터 분석을 통해 기업들이 탄소 배출을 줄이는 최적의 구매 전략을 세울 수 있도록 지원하고 있습니다.

여러분의 기업은 탄소 중립 구매를 위해 어떤 전략을 실행하고 있나요? 지속가능한 공급망 구축을 위한 첫걸음을 지금 시작해보세요!

| 부록 4 | 『간접구매 혁신』(2017, 피그말리온) 요약

LG전자 사례에서 출발한 대한민국 간접구매 혁신 이야기

『간접구매 혁신 2nd』는 2017년에 출간된 『간접구매 혁신』의 확장된 버전입니다. 『간접구매 혁신』은 절판되었으나 당시 간접구매 혁신의 현장성과 문제의식, 성과를 이 책의 독자에게 전달드리고자 『간접구매 혁신』의 핵심 내용을 요약 정리합니다.

LG전자의 간접구매 혁신이라는 실전 사례는 이후 수많은 기업이 벤치마킹했으며, 그 출발점을 되짚는 것은 오늘날 간접구매의 미래를 그리는 데 여전히 의미 있습니다. 이 부록이 이 책의 흐름을 이해하고, 간접구매 혁신의 기반이 어떻게 마련됐는지 회고하는 기회가 되길 바랍니다.

1. 왜 간접구매 혁신이 필요한가?

- LG전자에서 시작된 최초의 간접구매 혁신 시도
  - 'GP팀' 신설, 본사 주도의 구매 통제, 3개월 내 300억 원 절감, 최종적으로 3,000억 원 절감

- 기업의 매출액 중 10~20%를 차지하는 간접구매 비용
  - 구매 사각지대에서 비효율과 리스크 발생
  - SOD 미흡으로 내부 통제 어려움

2. 핵심 내용 요약

핵심 주제	요약 내용
간접구매의 정의	기업 운영을 위한 물품·서비스 구매 (예: IT 장비, 마케팅, 시설 관리 등) 간접구매는 비생산 영역의 구매로서 기업 운영의 기반을 이루는 모든 물품과 서비스를 포함합니다. 생산과 직접적으로 연계되지는 않지만, 전체 비용에서 적지 않은 비중을 차지하며 기업의 효율성과 전략적 방향 설정에 큰 영향을 줍니다.
혁신의 필요성	대부분 수작업 기반, 인맥 위주 거래→비용 누수 및 리스크 발생 간접구매는 그동안 비용 통제의 사각지대로 남아 있었습니다. 조직 내 개별 부서들이 자율적으로 구매를 집행함에 따라 예산 초과, 중복 구매, 비계약 구매 등의 문제가 발생하고 있습니다. 이러한 비효율을 제거하기 위해선 조직 내 통합된 프로세스와 전사적 관리 체계가 요구됩니다.
비용 절감 효과	20% 절감 가능성 입증 사례에 따르면 간접구매에 대한 체계적인 분석과 통합 관리를 통해 연간 수십억 원의 절감이 가능하며, 더 나아가 구매의 투명성과 공급업체 신뢰도까지 동시에 향상됩니다.
구매 프로세스 제안	예산 기획→공급사 분석→견적 요청 및 협상→계약→입고 및 정산 실제 기업에서의 간접구매는 사무용품 하나를 구매하는 데도 절차가 필요합니다. 특히 계약 기반의 구매로 전환하고, 승인 절차와 전산화를 도입하는 것이 핵심이며, 이를 통해 구매 업무의 반복성과 실수를 줄일 수 있습니다.
구매 솔루션의 필요	SaaS 기반의 클라우드 솔루션으로 자동화 및 투명성 확보 클라우드 기반의 솔루션은 SaaS 방식으로 제공되며 초기 투자 없이도 즉시 활용 가능합니다. 또한, AI 기반의 지출 분석 기능이 포함된 솔루션은 예산 초과 방지와 지출 통제를 실시간으로 가능하게 해줍니다.
조직 변화	GP팀 신설, 타 부서 협조 명령을 통한 변화 주도 LG전자의 GP팀 사례처럼, 간접구매 전담 조직을 구성하고 CEO 직속으로 운영하는 것이 효과적입니다. 조직 변화는 구조 개편을 넘어서, 기업 문화와 구매 철학을 바꾸는 출발점입니다.

3. 대표적인 성과 사례: LG전자 GP 혁신 Task (MONEY ROOM TASK)
- 300억 원→1,000억 원→ 3,000억 원 절감으로 이어진 GP팀의 전사적 혁신
- 150명 참여한 후 110명 정규 조직화
- LG그룹 스킬올림픽 수상 및 내부 TDR 혁신상 수상

4. 책의 메시지
- 간접구매는 기업의 미래 경쟁력
- 비용 절감 이상의 효과: 공급망 변화, ESG 도입의 시작점
- 전문직 CPO의 시대, 구매 전문가 양성의 필요성

"간접구매 혁신은 단순히 비용을 줄이기 위한 것이 아닙니다. 기업의 전략과 문화를 바꾸는 첫걸음이며, 나아가 사회 전반의 투명성을 높이는 길입니다."

LG전자는 간접구매 혁신을 통해 'MONEY ROOM'이라는 이름으로 전사적 절감 프로젝트를 추진했으며, 초기에 300억 원 절감을 시작으로 점진적으로 확대하여 연간 3,000억 원 이상의 절감을 달성했습니다. 특히 이 과정에서 전사 인원의 참여를 유도하고, 간접비를 정밀하게 분석해 계약 기반 중심의 구매 구조로 재편했습니다. 해당 프로젝트는 단순히 비용만 줄인 것이 아니라, 조직 내 구매 통제 체계를 정립하고 공급사와의 거래 투명성을 확보한 중대한 경영 혁신 사례로 기록됩니다.

간접구매 혁신은 기업 운영에서 필수적인 전략적 요소입니다. 특히 불황기에는 간접비 절감이 직접적인 수익 향상으로 이어지며, 이를 통해 재무적 안정성과 지속가능한 경영 기반을 마련할 수 있습니다. 간접구매는 더 이상 비용 항목만이 아니며, ESG 경영, 리스크 관리, 디지털 전환의 중심으로 재조명되고 있습니다.

에필로그

AI와 간접구매 혁신이
만들어갈 기업의 미래

　기업이 존재하는 이유는 수익 창출에 그치지 않습니다. 기업은 사회의 일원으로서 책임을 다하며, 지속가능한 성장을 추구해야 합니다. 오늘날의 급변하는 경영 환경 속에서 기업이 장기적으로 경쟁력을 유지하고 성장하기 위해서는 기존의 방식에서 벗어나 혁신적인 전략을 받아들여야 합니다. 그리고 그 중심에는 AI 기반의 디지털 혁신과 ESG 경영이 놓여 있습니다.

　이번 책을 집필하며 간접구매는 더 이상 운영 관리의 일부가 아니라, 기업의 전략적 방향성을 결정짓는 핵심 요소라는 점을 다시금 확신했습니다. AI 기반의 데이터 분석을 활용한 비용 최적화, 자동화된 구매 시스템의 도입, ESG 원칙을 반영한 책임 있는 구매 전략 등은 이제 선택이 아니라 필수적인 요소입니다. 글로벌 기업들은 이미 AI를 활용해 구매 프로세스를 효율적으로 개선하고 있으며, 공급망을 ESG 기준에 맞춰 전환하면서 지속가능한 경영 방식을 도입하고 있습니다. 한국 기업들도 이러한 흐름을 적극적으로 받아들이고 있으며, 글로벌 경쟁력을 유지하기 위해서는 간접구매 혁신을 더 이상 미룰 수 없는 상황에 이르렀습니다.

AI는 더 이상 미래의 기술이 아닙니다. AI 기반의 데이터 분석을 통해 기업들은 지출을 정밀하게 분석하고, 불필요한 비용을 절감하며, 최적의 구매 전략을 수립할 수 있습니다. 자동화된 구매 시스템은 신속하고 투명한 의사결정을 가능하게 하며, ESG를 고려한 구매 전략은 기업의 사회적 책임을 다하는 동시에 장기적인 기업 가치를 높이는 역할을 합니다. 이에 따라 간접구매의 역할은 비용 절감 도구에서 벗어나, 기업의 지속가능성을 결정짓는 전략적 도구로 자리 잡아야 합니다.

간접구매 혁신을 강조하는 이유는 비용 절감과 구매 리스크를 낮추기 위해서만이 아닙니다. 현재 많은 기업이 간접구매를 개인적 네트워크를 중심으로 운영하고 있지만, 이는 장기적으로 기업의 경쟁력을 약화시키는 원인이 될 수 있습니다. 간접구매의 품목 선정 과정이 투명하고 공정하게 이루어져야 하며, 이를 통해 공급업체의 공급 역량이 강화되고, 기업의 구매 프로세스가 체계적으로 정립될 필요가 있습니다. 궁극적으로 기업들이 개별적으로 구매하는 것이 아니라, 디지털 환경에서 구매 물량을 통합함으로써 규모의 경제를 실현할 수 있어야 합니다.

이러한 변화가 이루어진다면, 기업들은 효율적인 구매 전략을 구축할 수 있을 뿐만 아니라, 디지털 기술에 대한 투자를 늘릴 수 있는 여력도 확보하게 될 것입니다. 결국, 간접구매 혁신은 업무 효율화의 문제를 넘어서, 기업이 공급망과 함께 성장할 수 있는 기반을 마련하는 과정입니다. AI와 데이터 분석을 활용하여 구매 과정을 최적화하고 투명한 프로세스를 구축하며 공급업체와의 협업을 강화하는 것이야말로, 장기적인 기업 경쟁력을 결정짓는 중요한 요소입니다.

기업이 AI를 활용하여 구매의 투명성을 높이고, ESG 기준을 반영한 구매 전략을 수립하며, 자동화된 시스템을 통해 운영을 효율화할 때, 기업의 경쟁력은 더욱 높아질 것입니다. 기업이 추구해야 할 목표는 단기적인 비용 절감이 아니라, 장기적으로 신뢰받는 조직을 만드는 것이어야 합니다. AI를 활용한 지출 분석과 ESG를 고려한 공급망 구축은 그저 트렌드가 아니라, 기업이 지속가능한 방식으로 성장하기 위한 필수적인 과정입니다.

기업 운영에서 중요한 것은 경제적 가치와 사회적 가치를 함께 창출하는 것입니다. 상장기업이든 비상장기업이든, 기업이 존재하는 이유는 이윤 극대화뿐 아니라, 투명한 경영을 바탕으로 주주, 종업원, 고객, 사회 전체의 이익을 고려하는 데 있습니다. 이제 더 이상 기업은 단순히 수익 창출 기관에 머물러서는 안 됩니다. AI와 ESG, 간접구매 혁신을 결합한 새로운 경영 패러다임이 기업을 변화시키고 있으며, 이러한 혁신을 받아들이는 기업만이 지속가능한 성장을 이루고 글로벌 시장에서 경쟁력을 유지할 수 있습니다.

한국 기업들은 글로벌 스탠더드에 맞추어 간접구매 프로세스를 혁신하고, AI와 ESG를 적극적으로 활용하여 경쟁력을 강화해야 합니다. 이는 비용 절감의 문제가 아니라, 기업의 장기적인 생존과 직결된 문제입니다. 혁신은 더 이상 먼 미래의 이야기가 아니라, 지금 우리가 실천해야 할 현실입니다.

AI와 간접구매 혁신을 통한 ESG 기반의 경영 전략이 한국 기업들에 새로운 성장 기회를 제공할 것이며, 기업이 이를 실천하는 순간 지속가능하고 경쟁력 있는 미래가 펼쳐질 것입니다. 이 책을 마무리하며, 기업들이 간접구매를 전략적 도구로 활용하여 효율성과 지속가능성을 동시에 달성하고, 전문화된 구매 시스템을 구축하여 새로운 비즈니스 패러다임을 선도해나가기를 간절히 바랍니다.

지금까지 살펴보았듯이, 간접구매 혁신은 기업이 새로운 경영 환경에서 살아남기 위한 필수적인 전략입니다. AI 기술을 활용한 지출 최적화, ESG 중심의 책임 경영, 디지털 전환을 통해 이제 기업들은 장기적인 경쟁력을 확보하고 사회적 가치를 창출해야 합니다. 변화는 이미 시작됐으며, 이제 그 변화를 선도할 준비가 되어 있는 기업만이 성공적인 미래를 맞이할 것입니다. 이 책이 기업의 혁신을 위한 실질적인 지침서이자 변화의 촉매제가 되기를 진심으로 기원합니다.

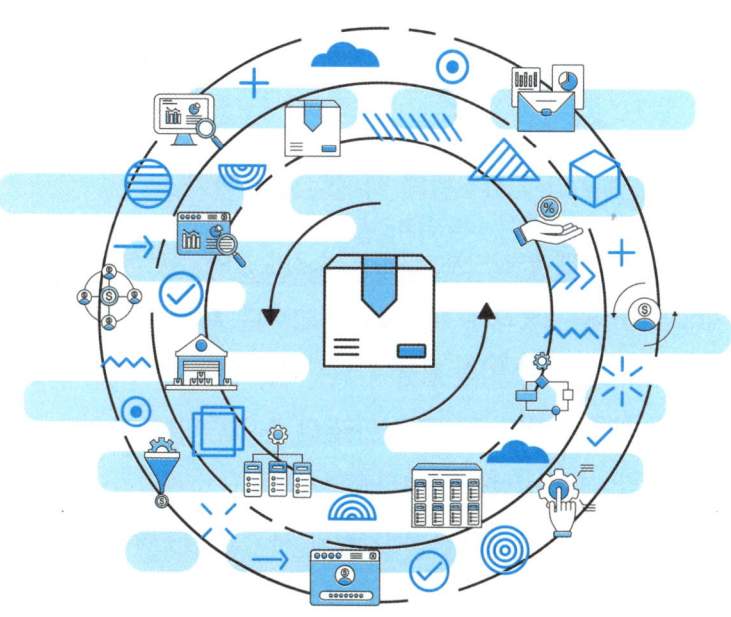

나가며

중소기업의 생존 전략,
무재고 MRO 시스템의 제안

CPFR 기반 미래형 구매혁신의 길

1. 지금, 왜 MRO 시스템의 혁신이 필요한가?

코로나19 팬데믹 이후, 많은 중소기업들이 생산성 저하와 수익성 악화라는 2중고에 직면하고 있습니다. 대기업에 비해 영업이익률이 낮은 중소기업 입장에서는 매출 확대보다는 원가 절감이 훨씬 더 현실적인 대응 전략이라 할 수 있습니다.

그러나 실제 현장을 들여다보면, 많은 중소기업들이 생산과 영업에는 집중하는 반면, 구매관리와 재고운영은 여전히 수작업 중심의 체계에 머물러 있습니다. 특히 MRO^{Maintenance, Repair, Operations} 자재의 경우, 구매금액 기준으로는 전체의 20%에 불과하지만, 구매 빈도와 관리 업무량 측면에서는 전체의 80% 이상을 차지할 정도로 효율이 낮은 영역입니다.

이러한 구조적 비효율은 더 이상 방치되어서는 안 됩니다. MRO는 단순한 소모품이 아니라, 기업의 비용 구조와 조직 운영에 직접적인 영향을 미치는 전략적 간접자재입니다. 특히 중소기업의 경우, 구매 조직이 전문화되어 있지 않거나 복수의 부서가 독립적으로 구매를 집행하는 경우가 많아, 체계적인 재고 관리가 이뤄지지 못하고 긴급구매나 고가 발주가 반복되는 경향이 있습니다. 이로 인해 자재 흐름과 예산 흐름 모두 통제하기 어려운 구조가 되며, 심각한 경우에는 생산 중단으로까지 이어질 수 있습니다.

따라서 MRO 시스템의 혁신은 단순한 비용 절감을 넘어, 기업 생존을 위한 핵심 과제로 인식되어야 합니다.

2. 글로벌 트렌드: CPFR 전략이 주는 시사점

해외 주요 제조기업들은 이미 CPFR$^{\text{Collaborative Planning, Forecasting and Replenishment}}$ 기반의 구매 및 재고 전략을 통해 공급망 협업 수준을 한층 강화하고 있습니다. 특히 VMI$^{\text{Vendor Managed Inventory}}$와 CPFR을 결합하여, 공급사와 수요자가 실시간 재고 정보를 공유하고, 사용 계획과 생산 일정을 연동함으로써 '무재고 상태'에서도 공급 안정성과 비용 효율성을 동시에 확보하고 있습니다.

반면, 국내 중소기업의 경우 아직까지 수작업 기반의 창고 운영이 대부분이며, 디지털 기반의 재고 관리 시스템은 매우 제한적으로 도입되어 있는 실정입니다. 이는 단순한 기술 격차를 넘어, 경영 성과의 격차로 이어질 수 있는 중요한 문제입니다.

따라서 CPFR 기반의 무재고 공급 시스템은 중소기업에 있어 운영 개선 수준을 넘어, 생존을 위한 전략적 전환점으로 작용할 수 있습니다.

3. 실시간 자동공급 체계의 기술 구조

최근에는 국내 제조현장의 마지막 수작업 영역인 MRO 창고를 자동화하려는 시도가 본격화되고 있으며, 무재고 운영을 실현하기 위해 다음과 같은 3단계 기술 기반 구조로의 전환이 제안되고 있습니다.

첫째, 중량센서 기반 자판기 시스템입니다.

자재 출고 시 중량 변화를 자동 감지하여 사용량을 실시간 인식하고, 사전에 설정된 임계값 이하로 감소할 경우 자동으로 보충 요청이 가능하도록 설계합니다. 소형 부품 및 다빈도 소모품에 적용하기 적합하며, 향후에는 무인 공장 운영 시스템과 연계될 수 있는 기반이 됩니다.

둘째, QR 기반 스마트 랙 시스템입니다.

사용자가 자재를 출고할 때 QR 코드를 통해 품목, 사용처, 사용자 정보를 인식하고, 계정 코드 및 ERP 시스템과 연동하여 자재 흐름을 실시간으로 추적할 수 있습니다. 이 시스템은 기존 창고에 손쉽게 적용할 수 있으며, 관리 효율성을 높이면서도 도입 비용을 최소화할 수 있다는 장점이 있습니다.

셋째, AI 비전 인식 기반 자동화 기술입니다.

창고 전경 및 개별 보관함을 AI가 이미지로 인식하여 품목을 자동 식별하고, 수량을 정확히 파악합니다. 이를 통해 인력 개입 없이 재고를 식별하고 관리하는 무인 창고 운영 체계로의 전환이 가능해집니다. 향후에는 AI 학습 기반 알고리즘을 결합하여 수요 예측까지 실시간으로 연결하는 확장형 구조로 진화할 수 있습니다.

이러한 기술들이 통합되어 구현될 경우, CPFR-VMI 기반의 무재고 공급 체계는 현실화될 수 있으며, 자재 사용 데이터를 기반으로 한 ESG 대응까지 연계가 가능한 고도화된 MRO 운영체계로 발전할 수 있습니다.

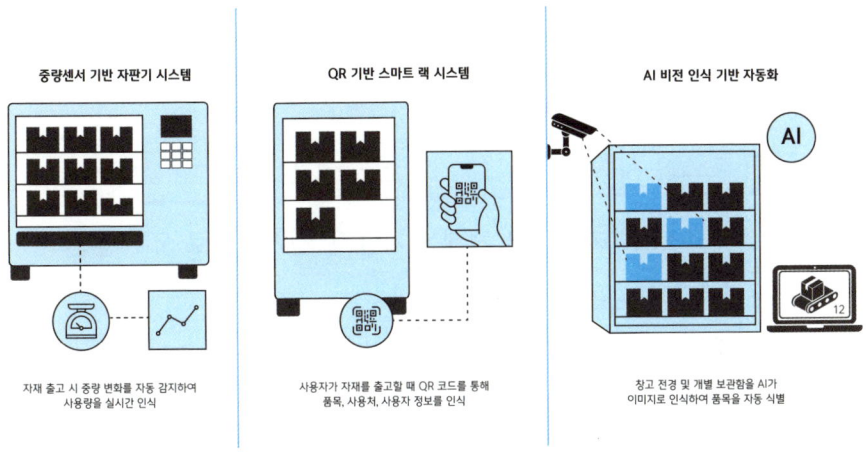

4. 중소기업 현실에 맞는 도입 방식

무재고 자동공급 솔루션은 대규모 투자를 필요로 하지 않고, A등급 핵심 품목부터 단계적으로 적용이 가능한 점진적 도입 방식이기 때문에 중소기업 입장에서 매우 현실적인 접근법입니다.

초기에는 QR 기반 스마트 랙이나 중량센서 자판기처럼 비교적 간단한 장비를 우선 적용하고, 이후 실시간 연동되는 플랫폼으로 확장함으로써 점진적으로 자동화를 실현할 수 있습니다. 이러한 방식은 단기적인 인건비 절감은 물론, 중장기적으로는 재고회전율 개선과 정산의 투명성 확보라는 2중 효과를 기대할 수 있습니다.

또한, 발주-입고-정산 전 과정을 하나의 플랫폼에서 자동 처리할 수 있으며, 납기 및 품질 기준에 대한 SLA^{Service Level Agreement}를 사전에 설정하고, 월 단위 정산 시스템을 병행 적용함으로써 거래의 신뢰성과 투명성도 크게 향상시킬 수 있습니다.

5. 블루오션 시장에서 선점 가능한 구조

무재고 MRO 자동공급 체계는 기술적, 전략적으로 모두 높은 시장성과 확장성을 갖춘 구조입니다.

현재 국내에서는 스마트 자판기 기반의 MRO 재고관리 시스템이 사실상 존재하지 않으며, 일부 시범적으로 설치된 장비들 역시 사용자 인증이나 수동 출고 기록 수준에 머무르고 있는 것이 현실입니다. AI 기반 품목 자동 인식, 사용량 예측, 정산 플랫폼까지 통합한 사례는 국내에서는 거의 없는 상태입니다.

이는 곧, AI 비전 기반 자동식별 – CPFR 기반 보충 – 플랫폼 기반 정산까지 아우르는 수직 계열형 MRO 공급 체계가 국내 시장에서 블루오션으로 남아 있음을 의미합니다.

이러한 시스템은 국내 중소기업의 비용 절감과 공급 안정성 향상이라는 목적에 부합할 뿐 아니라, SaaS 기반 플랫폼과 하드

웨어를 결합한 형태로 해외 시장에도 충분히 진출 가능한 확장형 비즈니스 모델이라 할 수 있습니다.

MRO 창고는 지금까지 기업의 디지털 전환 흐름에서 상대적으로 소외된 영역이었습니다. 그러나 이제는 기술과 플랫폼을 적극적으로 활용하여, 재고를 최소화하면서도 생산을 멈추지 않는 새로운 운영 체계를 실현할 수 있습니다.

무재고 MRO 자동공급 체계는 단순한 비용 절감 수단이 아닌, 공급망 회복력과 ESG 대응 능력을 동시에 강화하는 전략적 인프라입니다.

특히, 아직 시장에서 선점되지 않은 수직 계열형 구조의 공급 모델은 중소기업에게 새로운 기회이자, 생존을 위한 혁신 과제로 반드시 고려되어야 할 것입니다.

참고자료

1. ESG 및 지속가능 경영

- 전국경제인연합회 / K-기업 ESG 백서 / 2023
- Nestlé / Creating Shared Value and Sustainability Report / 2023
- SK Innovation / Sustainability Report - SK Innovation / 2023
- SK Innovation / Sustainability Report / 2023
- IKEA / Sustainability Report / 2024
- EcoVadis / Ratings Methodology Overview and Principles / 2023
- Accenture / Visibility Into Scope 3 Emissions Supply Chain Infographic / 2022
- GEP / 10 Practical Steps to Reduce Scope 3 Emissions / 2024
- World Resources Institute / Technical Guidance for Calculating Scope 3 Emissions / 2013
- Coupa / 2024 ESG Report / 2024
- McKinsey / Managing Carbon: A New Role for the CFO / 2024

2. AI 및 디지털 전환

- SAP / SAP Business AI / 2025
- SIEVO / AI in Procurement / 2022
- Zycus / The New Age of Procurement: GenAI-Powered Interactive Workflows / 2024
- Zycus / Democratizing Source-to-Pay with Generative AI / 2024
- McKinsey / LLM to ROI: How to Scale Gen AI in Retail / 2024
- Planergy / Procurement Automation Benefits - Whitepaper / 2024
- Basware / SmartPDF - Unlocking the Power of AI / 2024

3. 간접구매 전략 및 자동화

- Zycus / The Role of Indirect Procurement eBook / 2023
- Zycus / Spend Analysis Soulution eBrochure / 2019
- Zycus / Seven intelligent steps of spend data aggregation & analysis / 2024
- McKinsey / Turning Indirect Sourcing into a Multimillion-dollar Savings Engine / 2012
- McKinsey / Beyond Procurement: Transforming Indirect Spend into Strategic Value / 2011
- McKinsey / Using M&A to transform procurement / 2023
- Planergy / Indirect Spend Guide / 2020

- Planergy / Why AP Automation? And Why Now? / 2020
- EY / Indirect Procurement Optimisation / 2014
- Fairmarkit / ProcureTech Trends Infographic / 2024
- Coupa / Prioritizing all P2P needs / 2024
- Coupa / BSM Benchmark Report / 2023
- Coupa / Benchmark Report / 2024
- Coupa / Futureproof Your Financial Health / 2024
- Coupa / Threading the Supply Chain Needle / 2022
- Coupa / CPA – Threading the Supply Chain Needle / 2011
- Coupa / The total spend management benchmark report for multi-location / 2024
- GEP / 2024 Guide to AI-first Digital Procurement / 2024
- Deloitte / US Digital Procurement Managed Service / 2022
- Beroe / Focusing Beyond Cost Savings Helps Manage Indirect Spend / 2016

4. 회계, 재무, AP 자동화

- Planergy / Financial Risk In Supply Chain And How To Manage It / 2024
- Basware / Practical Guide to Automating Your Accounts Payable / 2024
- Basware / Fully Automated AP Processing (InvoiceReady Factsheet) / 2024
- Basware / Receive Invoices Electronically through the Basware Network / 2024
- Basware / AP Metrics That Matter in 2024 / 2024
- Basware / The CFO's Guide to Digital Innovation in Procurement / 2014
- Basware / Beyond Automation: Touchless Procurement / 2024
- Coupa / The CFO's Guide to Tech Stack Consolidation / 2023

5. 종합 리서치 및 분석자료

- McKinsey / What is Digital Transformation? / 2021
- Gartner / Magic Quadrant for Procure-to-Pay Suites / 2019
- Accenture / Procurement's Next Frontier / 2017
- Silesian University / ESG Risk Management Supported by Artificial Intelligence / 2022
- BCG / Executive Perspectives: Guide to Cost and Productivity / 2025
- Coupa / Platform for IT Leaders / 2021
- Coupa / State Supply Chains Speech / 2023

간접구매 혁신 2nd
AI와 ESG로 완성하는 간접구매의 미래

초판 1쇄 발행 2025년 7월 16일

지은이   이교원
펴낸곳   노르웨이숲비즈

출판신고   2025년 5월 16일 제 2025-000139호
이메일   norway12345@naver.com

ISBN   979-11-993242-0-6 (13320)

- 이 책은 저작권법에 따라 보호받는 저작물이므로 무단 전재와 무단 복제를 금지하며, 이 책의 전부 혹은 일부를 이용하려면 반드시 저작권자와 노르웨이숲의 서면 동의를 받아야 합니다.
- 책값은 뒤표지에 있습니다. 잘못된 책은 서점에서 바꾸어 드립니다.
- 노르웨이숲비즈는 노르웨이숲의 경영경제 임프린트입니다.